그림으로 이해하는

図解でわかる ハングルと韓国語

한글과 한국어

文字の歴史としくみから学ぶ

역사부터 문화까지 한눈에 알아보기

野間秀樹

平凡社

はじめに

『図解でわかる ハングルと韓国語』へようこそ！

本書は，その書名の通り，**〈文字と言語を図解する〉**という，これまであまり見たこともない，野望に燃えた本です．なぜ図解か？ 理由は2つです：

① 図解で解りやすい
② 図解で記憶に残る

世の中には図解されると，圧倒的に解りやすいことがらが，たくさんあります．言語もまた同様です．ここで〈解りやすい〉とは，読者に〈優しい〉ことの別の名でもあります．おまけに，図解は，新しいことがらへの〈覚え〉にも，一度触れたことへの〈思い出し〉にも，記憶の最初の最初から，そして実は未来に至るまで，強力な支えとなります．

書名に見える今ひとつ，〈ハングルと韓国語〉の方もまた，新たなる志に燃えています．そしてここには大切な秘密が隠されています：

① ハングルは文字，韓国語は言語
② 文字を水路に，言語の海にこぎ出す

ハングルは文字の名称で，韓国語は言語の名称だということを，まず書名が高らかに宣言しています．「ハングルで話す」とか，「ハングル会話」などは，「平仮名で話す」とか，「ローマ字会話」などと言っているようなもので，ことば自体がそもそも成り立ちません．

実は，ハングルと韓国語という，この2つを鮮明に区別することで，漠然としたものが，鮮やかに見えてきます．ハングルという文字に分け入りながら，韓国語という言語へ接近します．拙著『新版 ハングルの誕生』で見たような，ハングルが世に登場する，血沸き肉躍る物語にも耳を傾けます．いわば，視覚的な**〈ハングルの誕生 イラストレイテッド〉**といった性格も併せ持っているわけです．聴覚的には，素敵な声でご協力いただいた，明治学院大学教授・金珍娥（キム・ジナ）先生の，韓国語の音声も聴けるようになっています．これも今ひとつの大きな特徴です．

つまり本書は，既存の本にはなかった，次のような全く新しい方略を採っています：

音＝聴覚と，光＝視覚の世界を縦横に行き来しながら，
ハングルという文字の誕生や仕組みを見ることによって，
韓国語という言語へ悠々と入門する

言語を教えたり，学んだりする際に出会う，「この言語はこうなっているから，これを覚えなさい」というスタイルが，現在の地球上の言語教育の圧倒的な主流です．つまりこれは事実上，「考えるな，覚えよ」と言われているようなものです．でも物心ついてしまった私たちは，新たなことがらに出会って，〈考える〉〈味わう〉などといった，知的で，とても大切な愉（たの）しみを既に知っています．新たな言語に出会うのに，どうして考えたり，味わったりしないでおかれましょう．本書はもっと**知的に迫ります．目次だけでも類書との違いが鮮明に**解ります．

他の本で韓国語を学んでおられる方や，これから学んでみようか，どうしようかと，迷っておられる方も，〈**実践的に，体系的に，知的に，愉しく**〉学ぶ,この『**図解でわかる ハングルと韓国語**』をお供にどうぞ．これから初めて学ぶ入門書としても,学びの**モチベーション本**としても，**学び方の指針書**としても，さらには**人文書的な教養書**としても，優しくも易しく，そして強力な**〈お役立ち本〉**となることでしょう．

野間秀樹

目次

本　書　の　使　い　方

この『**図解でわかる ハングルと韓国語**』には，大きく次の 3 つの内容が盛られています：

① 韓国語のことばの学びそのもの
② 言語一般のことがらやハングルの誕生に関することがら
③ ハングルとことばの学びを鼓舞してくれる文化的なことがら

このうち，②は「第 4 の扉」「第 6 の扉」にあり，③は「第 10 の扉」にあります．②は用紙に薄い黄色を引いています．既存の学習書では出会えないような内容となっています．ちょっと大きめの楽しいコラムとお考えいただき，ゆっくりとくつろいでお読みください．

ハングルの読み方，つまり**発音**は，全て［　］の形のかっこに入れて示してあります．［　］内の文字が発音記号でも，仮名でも，場合によってはハングルでも，全て発音を示すものです．〈発音記号も覚えなきゃいけないの？〉といった問いへの答えも，25 頁にあります．韓国語の発音は仮名では正確に表せませんので，どこまでも大まかな目安です．

また，単語に付された〈　〉の形のかっこは，直前のハングルを漢字で書くとどうなるか，その**漢字表記**を示したものです．字形は韓国語圏で用いる正字体にしてあります．日本語の漢字と照らし合わせると，語彙力もぐんと広がります．

こうした〈　〉の漢字表記は,単語が最初に出るときに示しています．韓国語の単語で，漢字でもハングルでも書ける単語を，**漢字語**と言います．初出で〈　〉がない単語は，漢字では書けない単語です．固有語か外来語の仲間です．そのあたりのことも，本書ですっきり解ります．

① 회사 [hwesa][フェサ]〈會社〉会社
② 사회 [sa(h)we][サウェ]〈社會〉社会

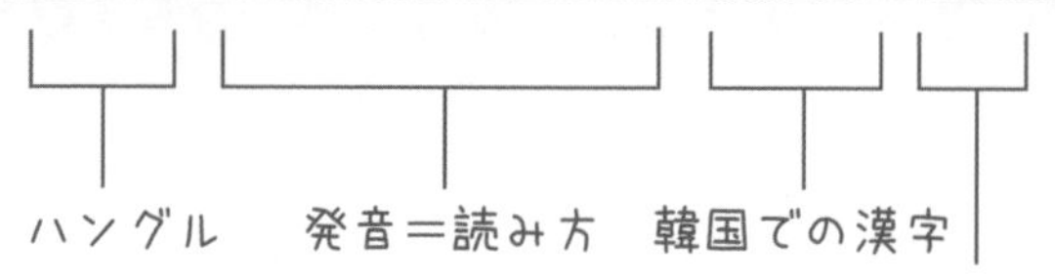

これもすぐに解りますが，漢字１文字はハングルでも必ず１文字です．日本語のように文字数が増減しません．

大目次は 4-5 頁に，**詳細な目次**は 118-119 頁にあります．**索引**と併せて，ご活用ください．

各頁の両側にある上のチェックマーク ✓ は，音源に録音してあることを示します． 音源は平凡社のホームページから，ダウンロードが可能です：

https://hangeulto.heibonsha.co.jp/

音声ファイル一覧は 126-127 頁にあります．

本書は**一度出てきた大切な単語やことがらは，さらに幾度か出てくるように構成**してあります．ですから「この頁を全部覚えてから次へ進もう」となさらなくても，大丈夫です．ゆったりと，楽しく学んでください．本書の次はどう学べばいいかも，「最後の扉」で述べています．

第1の扉

音をいかに文字にするのか
ハングルの仕組み

1.1 ハングルはどんな文字？

韓国語は**朝鮮語**とも言います．この韓国語＝朝鮮語を現在は**〈ハングル〉と呼ばれる文字**で書き表しています．ハングルは，音を表す**表音文字**の一種です．ローマ字や仮名も表音文字ですが，その仕組みはいずれも異なっています．

ドラマや歌でおなじみの「サラン」（愛．恋）をハングルではどう書くか，見てみましょう．いわばハングルの〈愛〉の仕組みです．

韓国語ではこの〈愛〉や〈恋〉を [saraŋ][サラん] と発音します．語末の発音記号 [ŋ] は「エヌジー」と呼ばれます．日本語の「あんがい」（案外）と言うときの「ん」の音だと思ってください．舌先は口の下に下りています．舌の奥が口の天井について，息を鼻に抜いた音です．発音についてはこれからじっくり学びますので，ここではあまり気にせずとも，結構です．

重要なことは，韓国語ではこれを必ず [sa. raŋ] と 2 つのリズムで発音するという点です．音のこうした区切りを**〈音節（おんせつ）〉**と言います．音節はシラブル (syllable) とも呼ばれます．日本語のように「サ．ラ．ン」と 3 拍では発音しないのです．

韓国語のように音節を基礎に発音される言語を，**〈音節言語〉**と言います．

韓国語が音節言語であることを基礎に，ハングルは音節を単位に創られました．

ハングルは１つの音節を１つの文字で表します．〈愛〉や〈恋〉は [sa.raŋ][サラん] と言い，사랑 と書きます．それぞれの文字は，子音 /s/ を表すㅅや，母音 /a/ を表すㅏのように，単音を表す部品からなっています．こうした部品＝パーツを字母(じぼ)と呼びます．字母を組み合わせて，１文字が造られます：

これでもう **사랑**(サラん)（愛．恋）はお手のもの

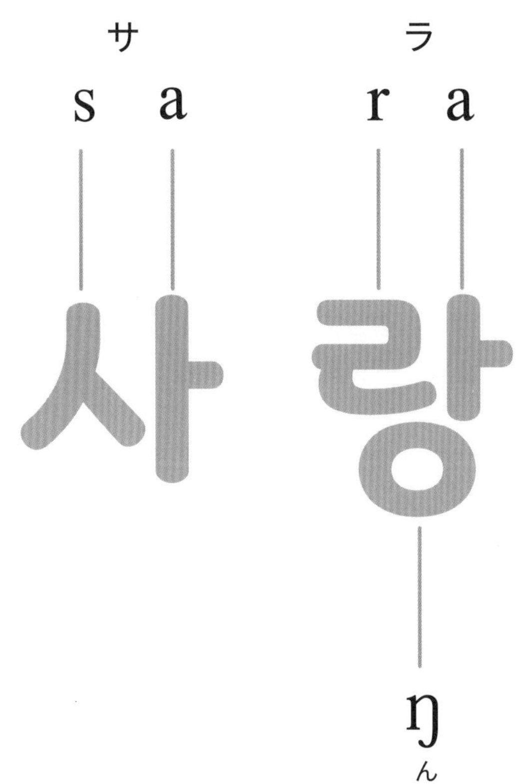

音源ダウンロードが可能です

1.2 〈子音＋母音＋子音〉が「1つの音符♩」に

言語音は聴覚，つまり音の世界，文字は視覚，つまり光の世界の出来事です．音の世界の出来事を，いかに光の世界に造るか，これが文字にとっての核心です．

例えば，日本語を構成している音を見ると，「か」/ka/ や「も」/mo/ のように，〈子音＋母音〉か，「あ」/a/ や「お」/o/ のように，子音なしの〈子音ゼロ＋母音〉という構造の音節がほとんどです．

これに対して，韓国語では /pap/ や /mom/ のように，〈子音＋母音＋子音〉という構造の音節がたくさん現れます．もちろん，音節の頭に子音のない /ap/ や /om/ といった〈母音＋子音〉という構造の音節もありますし，音節末にも子音のない，/a/ や /o/ のような，〈子音ゼロ＋母音〉といった，母音だけの音節もあります．

韓国語では**〈末尾が子音で終わる音節〉**がたくさん現れるのです．

音楽なら，例えば 1 つの音符〈♩〉の上に /pap/ や /mom/ のように，〈子音＋母音＋子音〉という 3 つの音が乗るわけです．

ハングルという文字も同様です．〈子音＋母音〉などはもちろん，〈子音＋母音＋子音〉という 3 つの音が抱き合って，1 文字を造ります．

音節の構造を造るこれらの音を次の名称で呼びます：

音節の頭の子音　＝ 初声
音節の核になる母音　＝ 中声
音節末の子音　＝ 終声

これらはハングルが創られた 15 世紀から用いられている術語で，とても便利なので，現代でも使われています．

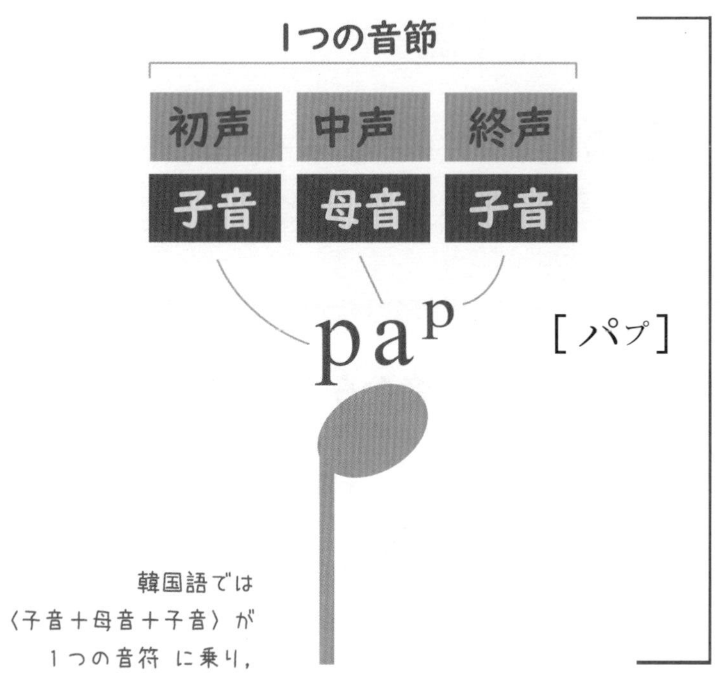

韓国語では
〈子音＋母音＋子音〉が
1つの音符に乗り，

おと
音
言語音
＝聴覚

ハングルでは
〈子音＋母音＋子音〉が
それぞれ字母となり，
字母が抱き合って，
1つの文字を造ります．
[パプ]は「ごはん」の
意味になります．

밥

ハングルでは
1音節が1文字

p a
p

1つの文字

ひかり
光
文字
＝視覚

第2の扉

言語音，その母なる母音
ハングルの母音字母と天地人

2.1 言語の音は母音と子音からできている

言語を構成している言語音は，母音と子音とに分類されます：

母音＝肺から出てきた気流が，口や鼻などの発音器官のどこにも邪魔されずに，素直に出てくる音

子音＝肺からの気流が，例えば唇や舌などを狭めたり，閉じたり，妨げられて造られる音

言語音が母音と子音から構成されていることは，地球上の全ての言語に共通しています．日本語ですと，東京方言の [アイウエオ] などが**母音**です．これに対して，日本語で [マ][ma] と言う音は，一度唇を閉じてから，開き，[a] に移行して造られています．唇による妨害が [m] の音の決め手です．[パ][pa] の [p] の音も同様に，唇による妨害で造られています．[マ] や [パ] を発音するとき，[m] や [p] の段階で，喉の声帯が震えていれば [m] となり，震えていなければ [p] となります．[マ] も [パ] も [a] までくると，どちらも声帯が振動しています．ちなみに声帯が振動する音を**有声音**，振動しない音を**無声音**と呼びます．言語音はこんなふうに分類していくことができます．[m][p][d][t][g][k] などのように，何らかの妨害を利用して造る音が，**子音**です．

言語音はこうした子音と母音との組み合わせを利用して造られています．従って，言語学者がもし未知の言語に遭遇したときは，真っ先にその言語はどんな母音と子音で構成されているかを，調べます．言語の学習書もたいてい母音と子音のことから始まっていますね．これらは言語の音の世界，聴覚的な世界での出来事です．

では言語の光の世界，視覚的な世界ではどうでしょう？ 世界には数千種類の言語がありますが，日常生活において文字で書く習慣がある言語は，そう多くありません．また，現実に使われている文字の種類は，数え方によって大きく変わりますが，せいぜい数十，細かく分けても，100–200 種ほどしかないと思われます．英語，フランス語，ドイツ語，トルコ語，ベトナム語，インドネシア語など，今日では多くの言語がローマ字＝ラテン文字を基本にして，それに記号を付すなどの応用した姿で，書かれています．

韓国語はハングルという文字体系によって書かれています．「第１の扉」で見たように，ハングルは，音の世界の母音と子音それぞれに対して，光の世界で形を与え，字母を造り，それら字母を音節ごとに組み合わせて，**光の世界で１つの文字として組み上げる仕組み**となっています．

このとき，子音字母と母音字母はその位置が定められています．[ma] のような子音＋母音の音節もあり，[mam] のような子音＋母音＋子音の音節もあります．**音節末尾に立つ子音＝終声**を表す字母は文字の下半分に書きます：

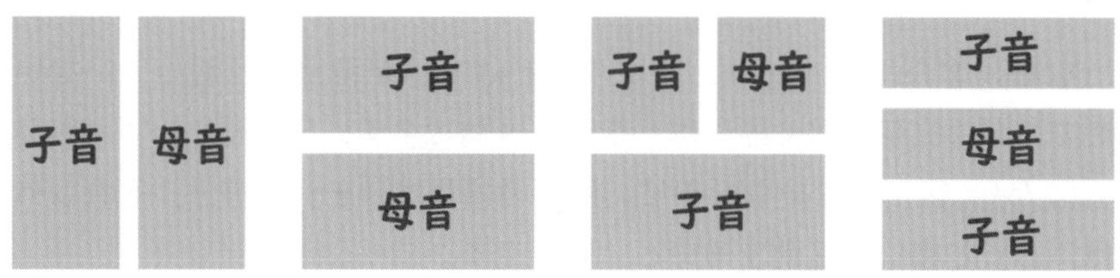

2.2 これが８つの〈アイウエオ〉だ

日本語の５つの母音〈アイウエオ〉にあたる，韓国語の母音は８つあります．日本語の〈ウエオ〉それぞれに２種類ずつある勘定です．これらを**単母音**と呼びます．単母音のそれぞれを次のように書きます：

	母音字母	発音記号	発音のしかた
ア	ㅏ	a	広く口を開いて「ア」．日本語と同じ
イ	ㅣ	i	口を横に引いて「イ」．日本語とほぼ同じ
ウ	ㅜ	u	唇を円くすぼめて突き出し「ウ」
	ㅡ	ɯ	「イ」の平らな唇の形で「ウ」
エ	ㅔ	e	日本語の「エ」
	ㅐ	ɛ	日本語の「エ」．もとは広い「エ」だった
オ	ㅗ	o	唇を円くすぼめて突き出し「オ」
	ㅓ	ɔ	口を広く開いて「オ」

現代韓国語の最大の方言である，ソウル方言＝ソウルのことばでは，口の開きの狭いㅔ /e/ と，広く開くㅐ /ɛ/ を区別せず，いずれも日本語東京方言＝東京のことばの /e/ のように発音しています．皆さんも / エ / で発音して構いません．平壌（ピョンヤン）ではこの２つの発音を区別しています．

なお，ㅔ /e/ とㅐ /ɛ/ は，ソウルことばでは発音上は区別していないのですが，文字に書く際には，厳密に区別します．日本語でいずれも発音は /o/ と区別していないのに，助詞の場合は「を」と書き，それ以外は「お」と書いて区別するのと，同様です．

2.3 8つの〈アイウエオ〉を書いてみよう

8つの〈アイウエオ〉には書き順があります．**左から右へ，上から下へが原則です．**

[a] などのように母音だけからなる音節には，〈イウん〉と呼ばれる字母〈ㅇ〉を加えます．このㅇは〈子音がない〉〈子音はゼロだ〉ということを表す字母です．上から左回りに書きます．〈ㅏ〉など縦棒中心にできている母音字母には，その左に〈아〉のように，〈ㅡ〉など横棒中心にできている母音字母には，その上に〈으〉のように，ㅇを書きます：

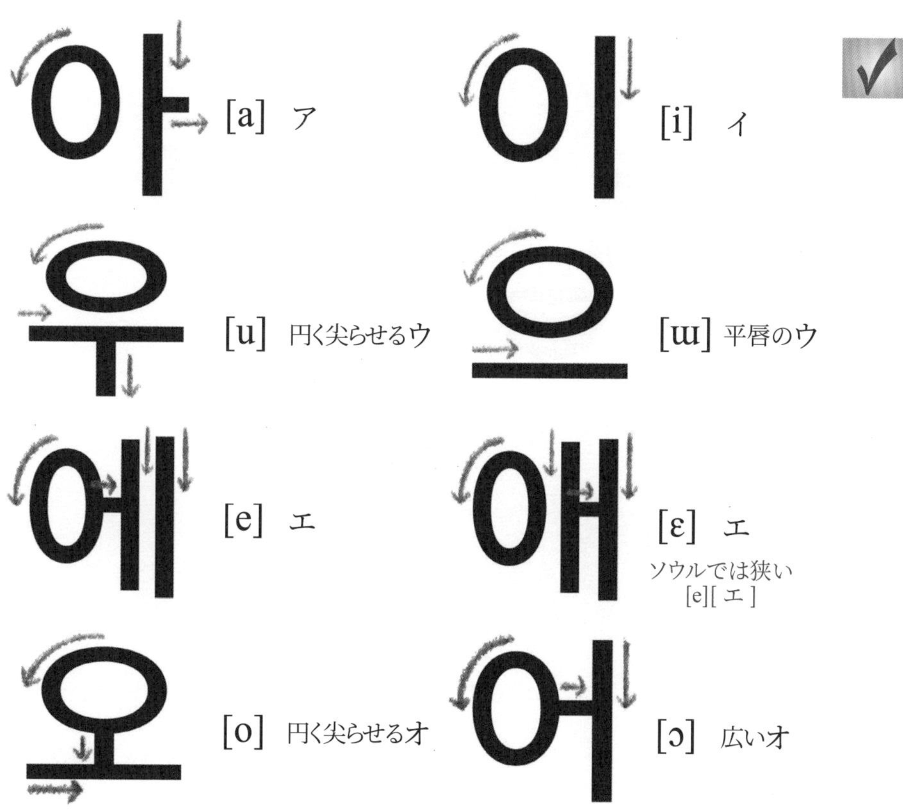

2.4 母音三角形で韓国語と日本語を対照する

ピンクの大きな丸，●で示した日本語の母音と，ブルーの●の韓国語の母音の口の形と開き具合，舌の位置を，母音三角形で比べてみましょう．三角形の上にあるほど口の開きが狭く，下にあるほど広くなります．また，우 [u] と오 [o] だけは唇を円く突き出します：

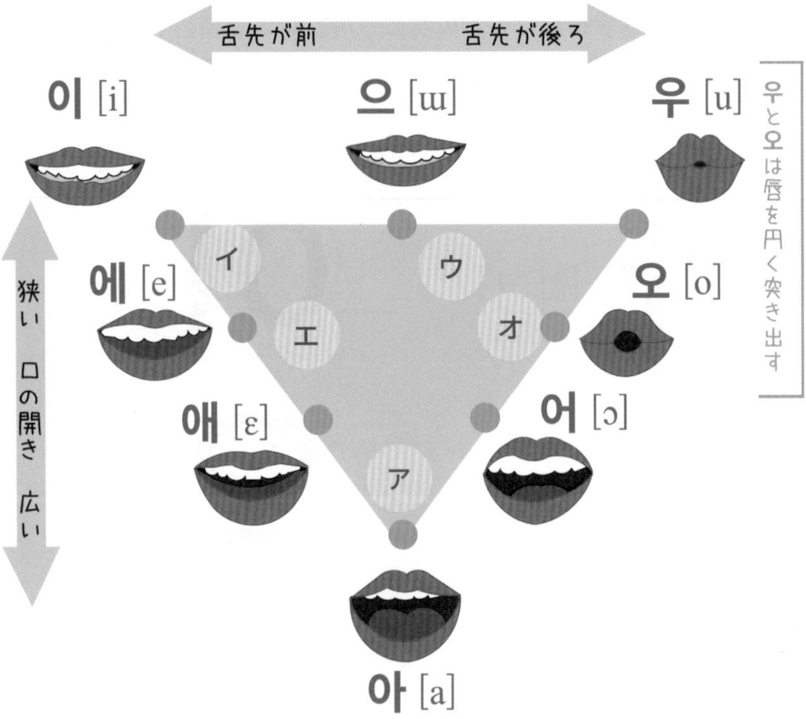

舌先が前　舌先が後ろ

이 [i]
으 [ɯ]
우 [u]
우と오は唇を円く突き出す
狭い　口の開き　広い
イ
ウ
에 [e]
오 [o]
エ
オ
애 [ɛ]
어 [ɔ]
ア
아 [a]

動画でも見てみましょう．駐日大韓民国大使館の YouTube の〈チナセム tv〉で 8 つの単母音が確認できます．

2.5 もう単語が読めてしまう！

さあ，ここまで学んだハングルの母音字母だけでも，次のような単語が読めます．音源と共に口に出して，発音してみましょう：

① 아 [a] ［ア］ 間投詞. **あ.** 気づいたとき，納得したときなどに

② 어 [ɔ] ［オ］ 間投詞. **おー. えーっと.** 言いよどんだり，考えるときなどに

③ 오 [o] ［オ］ 間投詞. **お. おっ.** ちょっとした感嘆などに

④ 아이 [ai] ［アイ］ 名詞. **子ども**

⑤ 애 [ɛ] ［エ］ 名詞. **子ども.** 아이の短縮形で，話しことばで多用

⑥ 이 아이 [i ai] ［イアイ］ 冠形詞＋名詞. **この子ども**

間投詞は感嘆詞や感動詞とも呼ばれます．**冠形詞**は日本語文法の連体詞にあたる品詞です．自分自身は形を変えず，後ろに名詞などの体言を伴います．冠形詞は通常，後ろに来る名詞類と続けて発音されます．

〈이 아이〉（この子ども）のように，単語と単語の間にはスペースを置き，単語ごとに半角離して書きます．これを〈**分かち書き**〉と呼びます．

上の例では左から右へと**横書き**をしています．ハングルは**縦書き**も可能です．現在は書籍や新聞，手紙なども，**横書きが圧倒的な主流**です．

2.6 母音字母は〈天地人〉を象（かたど）って創った

15 世紀にハングルが創られたとき，〈天地人〉を象って〈ㆍㅡㅣ〉という 3 つの形を造り，それら 3 つを組み合わせて，母音字母が造られました：

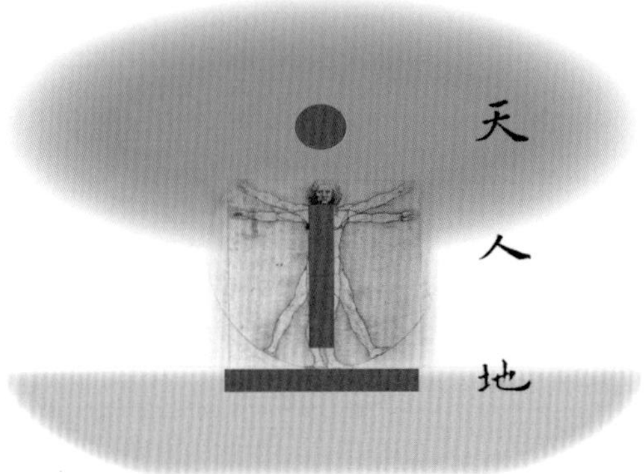

〈天〉を表す母音字母〈ㆍ〉は，発音の変化により，現在は用いられなくなっています．字母〈ㆍ〉の名は [アレア] と呼ばれます．「下のア」の意です．このアレア〈ㆍ〉をイ〈ㅣ〉の左右に配置して，陽母音〈ㅏ〉[a]，陰母音〈ㅓ〉[ɔ] ができています．またアレア〈ㆍ〉をウ〈ㅡ〉の上下に配置し，陽母音〈ㅗ〉[o]，陰母音〈ㅜ〉[u] ができています．母音字母が造る宇宙像ですね：

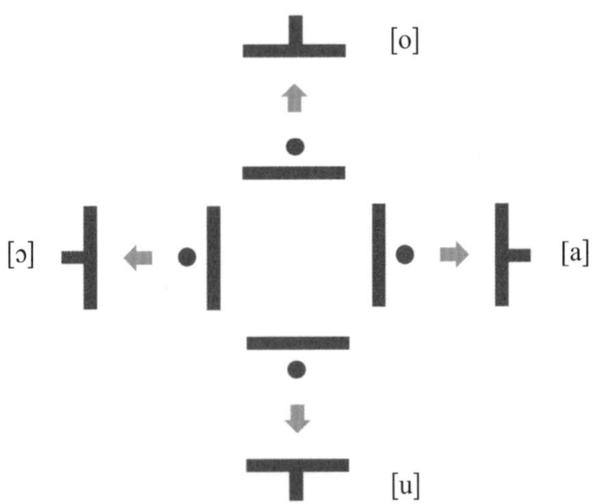

2.7 〈たいへんだ〉が〈てーへんだ〉となる

15 世紀には母音字母〈ㅐ〉は [ai] という**二重母音**で発音されていました．この字母の形自体が〈ㅏ〉と〈ㅣ〉の組み合わせでできています．1 音節の中で素早く口を広く開ける [a] から狭い [i] に移行するわけです．口の開きや舌の移動が面倒なので，徐々に [ai] は [a] と [i] の中間あたりの，[ɛ] という単母音で発音されるようになりました．

日本語でも〈たいへんだ〉[taihenda] が〈てーへんだ〉[tɛːhenda] となるように，いろいろな言語で二重母音 [ai] から単母音 [ɛ] への変化が起こっています．ハングルの字母〈ㅐ〉は，**言語音の変化を形で記憶しているわけ**です．面白いですよね！：

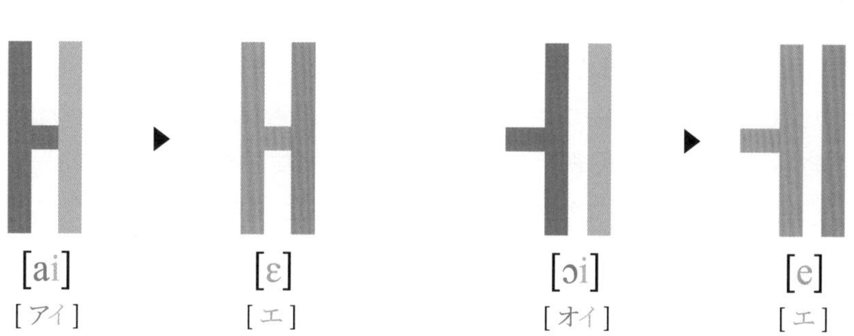

母音字母〈ㅔ〉も同様です．この字母の形自体が〈ㅓ〉と〈ㅣ〉の組み合わせでできています．こちらは〈ひどい〉[hidɔi] が〈ひでー〉[hideː] になるようなものですね！

韓国語の，とりわけソウルことばの母語話者は，この広いエ〈ㅐ〉と狭いエ〈ㅔ〉の発音の区別ができないので，文字に書くときは，**〈アイのエ〉**＝〈ㅐ〉ですか，**〈オイのエ〉**＝〈ㅔ〉ですかと，よく口頭で尋ねたりします．

皆さんも日本語の [エ] のように発音して構いませんが，前述のごとく，書くときは厳密に区別しますよ．

2.8 〈ヤ行音〉をどう表すか？ = 1 画加えるだけ！

日本語には /a/（ア）→ /ya/（ヤ）や /u/（ウ）→ /yu/（ユ）のように，〈ヤユヨ〉という**〈ヤ行音〉**があります．仮名では 3 つの別々の文字に造っています．ローマ字では /a/ や /u/ など単母音の前に /y/ をつけて表していますね．これを発音記号では [j] で表し，〈ヤユヨ〉は [ja][ju][jo] となります．英和辞典の you [ju:] などの発音記号でおなじみですね．

この発音記号 [j] はドイツ語の字母の名前をとって，音声学では**〈ヨット〉**と呼ばれます．つまり，**ヤ行音とは，単母音の前にヨットがついた音**なのです．ではこのヨットで表される音の正体は，いったいどのようなものでしょうか？

日本語の / ア /[a] と / ヤ /[ja] の発音を比べてみましょう．/ ヤ /[ja] はまず舌先が上の歯の付け根のやや上部へ，ぐぐっとせり出してから，/ ア /[a] の形に落ち着きますね．/ ヨ /[jo] など，ヤ行音は全て舌のこのせり出しが単母音の前についているわけです．**舌がこのようにせり出してまたもとに戻る音こそ，ヨット [j] の正体**なのです．

同様に**韓国語にも〈ヤ行音〉が，それも 6 つあります．**ではハングルではこのヤ行音をいかに表すか？ どんな形に造ろうか？ これが訓民正音＝ハングルを創ったときの，重要な問いとなったわけです．

世宗大王はこのヨット [j] の音に対して，新しい字母の形を造りませんでした．形が増えれば，人々が文字を覚える際の負担が増えますからね．何と，ㅏ [a] に対して，ㅑ [ja] のごとくに，**単母音の字母に画を 1 つ加えて表す**という，離れ業を編み出したのでした．いわば徹底して無駄を省き，最小の労苦で最大の効果を得ようとする，世宗大王のミニマリズム（最小主義）思想だとも言えます：

[j] を造る際に，舌先をそのまま上に上げたままにすると，単母音 [i] になってしまいます．[j] はいわば母音になり損なった音なのです．そこでこの [j] などは**〈半母音〉**と呼ばれます．

ヤ行音は**〈半母音の [j] ＋単母音〉**でできているわけです：

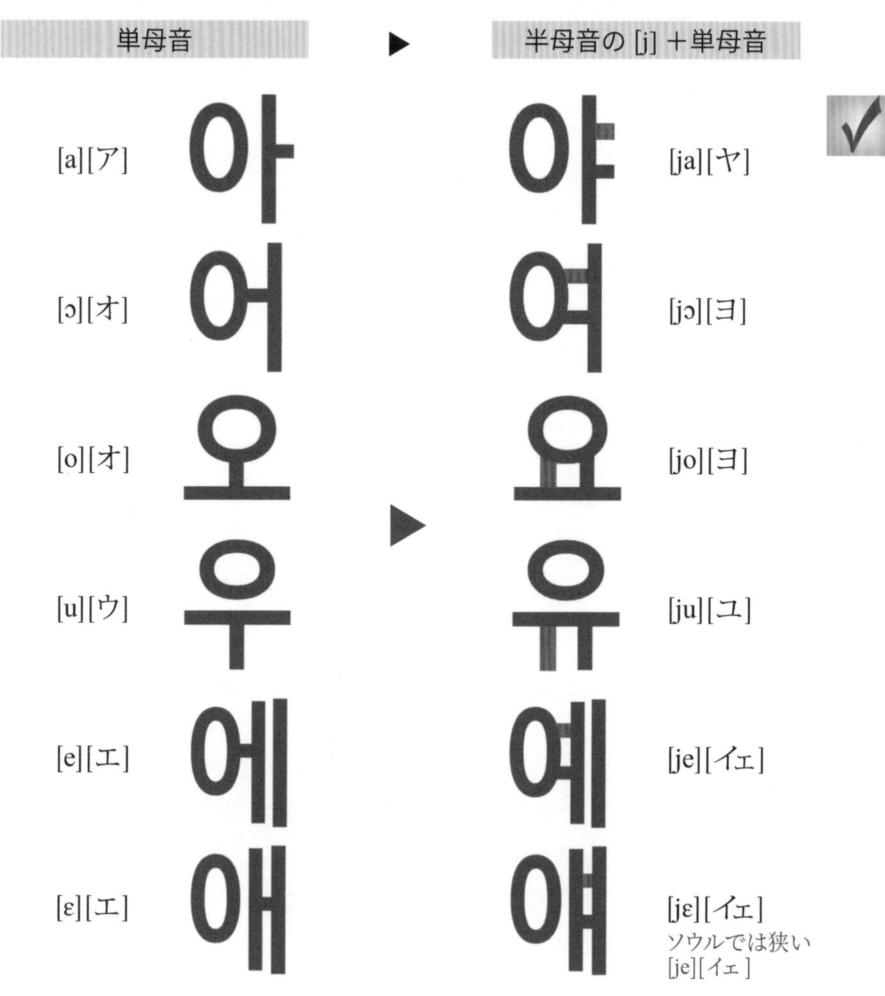

2.9 〈ワ行音〉は？ ＝ ㅗかㅜを加えるだけ！

日本語には〈ヤ行音〉とは別に，〈ワ〉〈ヲ〉という**〈ワ行音〉**もあります．もともと**ワ行音は半母音の [w] と単母音が結合した音**です．この半母音 [w] は [u] を発音するときのように，唇を円く突き出してから，単母音へと移行する音です． 要するに，[u] になり損なった音というわけですね：

半母音 [w] ＋ 単母音 [a][ア] ▶ [wa][ワ]

そしてこの半母音 [w] も韓国語にあります．6 つの単母音と結合して，音を造ります．15 世紀に文字を創製するにあたって，この [w] も新しい字母を造らずに，既に造った単母音のㅗ [o] とㅜ [u] を再利用して，まかなうことにしました．

ㅗ [o] とㅏ [a] を続けて速く発音すると，[オア] が [ワ] となることが，解りますよね！ 心憎い仕組みです！：

半母音 [w] ＋ 単母音 [a][ア] ▶ [wa][ワ]

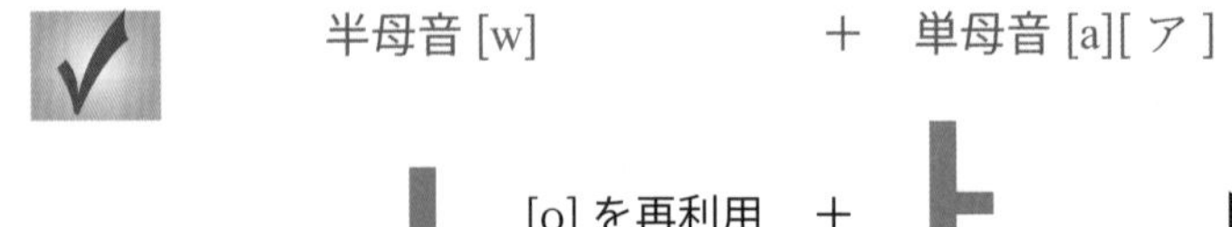

実は，同じ / ワ / でも韓国語と日本語では発音が少し異なります．韓国語の [w] は，日本語の京浜地方の半母音 /w/ よりさらに唇を円く尖らせるのが，特徴です．音声学では，東京ことばのような，相対的に唇が平らな /w/ を [ɰ] で表し，ソウルことばのような，唇がより円く尖る /w/ を [w] で表して，区別することもあります．東京の / ワ / は [ɰa]，ソウルの / ワ / は [wa] というわけです．関西地方の半母音 /w/ は円いので，ソウルことばに近いと言えます．ポイントは唇の円め方です．

母音字母ㅗ [o] やㅜ [u] と単母音字母を組み合わせて書いた文字で，〈半母音の [w] と単母音が結合した音〉を表す仕組みを，見てみましょう：

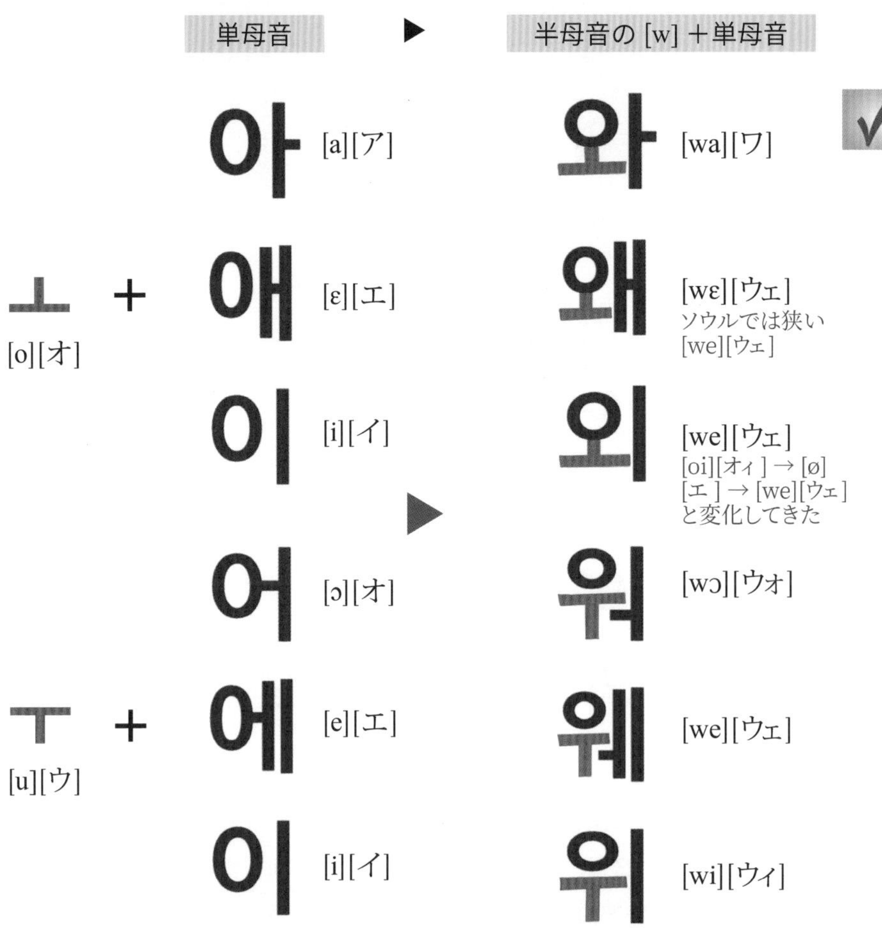

もう１つ，単母音字母ー [ɯ] と単母音字母 ㅣ [i] を組み合わせた，ㅢ という形があります．これは [ɯi][ウィ] という二重母音を表します．１音節の中で素早く [ɯ] から [i] へ移行します．①単語の頭では [ɯi]，②「…の」の意味の助詞では [e]，③それ以外の位置では [i] と，発音されます．唇は平らなまま，動きません．

의 [ɯi][ウィ]
[e][エ]
[i][イ]

2.10 読んでみよう

母音字母類だけでできている単語は，多くありません．でも重要な単語も．読んでみましょう．書き方の決まりも知って,書いてみましょう：

① **위**

② **예의**

③ **여유**

④ **오이**

⑤ **이 우유**

⑥ **와!**

⑦ **와요? —— 와요.**

■答えとワンポイント

① [wi][ウィ] **上** ② [jei][イェイ] **礼儀**．의は語頭では [ɯi] ですが語中では [i] となります→23頁 ③ [jɔju][ヨユ] **余裕** ④ [oi][オイ] **きゅうり** ⑤ [i uju][イ ウユ] **この牛乳**．単語と単語の間にはスペースを置き，半角離して書きます→17頁．原稿用紙なら，全角分を空けます ⑥ [wa][ワ] **わぁ！** 驚いたときなどの間投詞．感嘆文には文の末尾に「！」を付します ⑦ [wajɔ][ワヨ] **来ますか？**—— [wajɔ][ワヨ] **来ます．** この同じ形のまま，文末の요[ヨ]だけ高く上げて発音すると疑問文，下げると平叙文となります．疑問文には「?」を，平叙文には「.」を付します．主語は必要なときだけ付します．主語を付す要領は，日本語と同じです．

2.11 発音記号も覚えなきゃいけないの？

仮名ではハングルの発音を表しきれないので，本書では発音の表記に，左頁の위 [wi] などのように，**発音記号**を用いています．仮名の発音表記はどこまでも補助的なものです．

ではその発音記号も覚えなければいけないの？　という問いが立ちますね．答えは「できれば，イエス」です．ついでに覚えると，学習上，非常に役に立つからです．ハングルは表音文字なのに，何で？　そう，ハングルは表音文字ですが，現代の発音では，実は書かれた通りに発音しないものが，しばしば見られるからです．世界の表音文字には一般に文字と発音のこうしたずれが，しばしば現れます．

例えば，左頁の⑦**와요**(来ます)を見ましょう．文字通りには [wajo][ワヨ] と末尾は唇を円く，狭く突き出す母音です．ところが，実際には左に示したように，[wajɔ][ワヨ] と，唇を突き出さず，口の開きはさらにずっと開いて発音されています．ハングルで書くと，와여に近いほどです．発音記号では末尾が [ɔ] と [o] で異なることが解りますが，仮名では [ワヨ] と同じになってしまい，違いが判別できません：

와요　文字通りには [wajo] と発音するはずなのに
　つまり末尾は唇を狭く突き出すはずなのに
実際には [wajɔ] と発音
　つまり末尾は唇を狭く突き出さず，口は開いて発音！

このように**ハングルで書かれた通りに発音しない例の実際の発音を把握するのに，発音記号が助けてくれる**のです．ゆえに答えは「できれば，イエス」，覚えると得なのです．

ただ，覚えるといっても，大部分はローマ字ですし，また英語の発音記号でもおなじみのものがほとんどですので，全く心配は要りません．

第3の扉

ハングルには音の形が棲(す)んでいる

子音字母は音の原初を文字にした

母音字母は全て学びました．母音字母は，〈天地人〉を象徴した形から体系的に造られたのでした．では子音の字母は？ 子音字母の形は，その子音を表す発音器官の形を象(かたど)って造りました．

例えば，子音 /n/ の音を表す字母は，人が /n/ という音を発音するときの，発音器官の形，つまり口や舌の形を象っています．いったいどういうことでしょう？

ではまず発音器官がどんな形をしているのかを，見てみましょう：

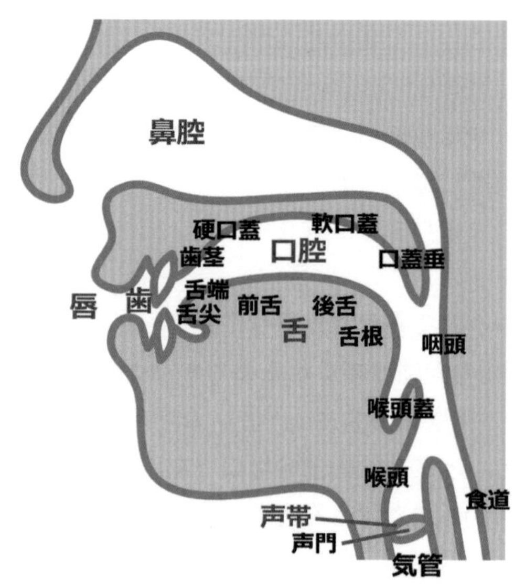

言語音は肺から出発します．肺からの空気は左の図の右下にある気管を通って，口腔（医学では「こうくう」と言います）や鼻腔へと流れます．その際に左の図のように口蓋垂（のどひこ）を上げ，鼻腔へ空気が流れないようにすると，空気は全て口腔へと流れて，**口音**が造られます．日本語のカ行の子音 /k/ やサ行の子音 /s/，タ行の子音 /t/ などは口音です．これらに対し，ナ行の子音 /n/ やマ行の子音 /m/ のような音は鼻腔へ空気を流して造っています．こちらは**鼻音**と呼ばれます．従って鼻音は鼻をつまむと，発音できなくなります．試しに鼻をつまんで / マ /[ma] と言ってみましょう．[a] は発音できても，[m] は音になりませんね．

単独で発音されるときの，日本語や韓国語の母音は，基本的に口音です．「アンコール」で日本語の外来語にもなっているフランス語の *en*core [ãkɔːr]（「もっと」「まだ」の意）に現れる [ã][アん] などのように，世界の言語のうちには鼻音の母音も存在します．

さて，/n/ を表す字母は，[n] を発音する舌の形を象って「ㄴ」と造られました．/ ナ /[na] と発音するときに，舌先が上の歯茎や歯の裏にぴたーっとつきますね．その舌の形です．同様に /k/ を表す字母は，[k] を発音する舌の奥が口の天井の奥，軟口蓋にぴたーっとつく形をとって，「ㄱ」と象りました．/m/ は / マ /[ma] と発音するとき，唇を閉じる「ㅁ」という形です．/s/ は上下の歯の間を空気が通る摩擦でできる音ですので，歯の形を象っています．もとは「ㅿ」という，まさに歯そのものの形でしたが，今は「ㅅ」と書かれます．五音（→次頁）の残りの「ㅇ」は喉の形です：

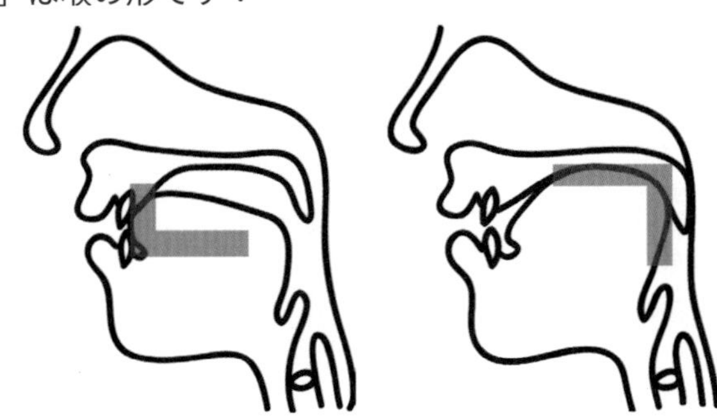

n の形　　k の形

3.1 子音字母は発音器官の形を象った

子音字母の全体像を見ておきましょう．まず，ㅁㅅㄴㄱㅇという５つの字母を〈五音〉として発音器官の形を象って造り，他の字母はそれら５つに画を加えるなどして，派生させ，システマチックに造っています．

	現代の名称	訓民正音式の名称		初声字母の位置で	有声音間で	終声字母の位置で	日本語で似た音は
鼻音	鼻音（びおん）	唇音	ㅁ	[m]			初声はマ行子音
		舌音	ㄴ	[n]			初声はナ行子音
		喉音	ㅇ	—	—	[ŋ]	「あんがい」の「ん」
口音	流音（りゅうおん）	舌音	ㄹ	[r]		[l]	初声はラ行子音
	平音（へいおん）	唇音	ㅂ	[p]	[b]	[ᵖ]	パ行子音．息は出ない
		舌音	ㄷ	[t]	[d]	[ᵗ]	タ行子音．息は出ない
		歯音	ㅅ	[s][ʃ]		[ᵗ]	サ行子音
		歯音	ㅈ	[ʧ]	[ʤ]	[ᵗ]	チャ行子音．息は出ない
		牙音	ㄱ	[k]	[g]	[ᵏ]	カ行子音．息は出ない
	濃音（のうおん）	唇音	ㅃ	[ˀp]		—	パ行子音．喉が緊張
		舌音	ㄸ	[ˀt]		—	タ行子音．喉が緊張
		歯音	ㅆ	[ˀs][ˀʃ]		[ᵗ]	サ行子音．喉が緊張
		歯音	ㅉ	[ˀʧ]		—	チャ行子音．喉が緊張
		牙音	ㄲ	[ˀk]		[ᵏ]	カ行子音．喉が緊張
	激音（げきおん）	唇音	ㅍ	[pʰ]		[ᵖ]	パ行子音．息が出る
		舌音	ㅌ	[tʰ]		[ᵗ]	タ行子音．息が出る
		歯音	ㅊ	[ʧʰ]		[ᵗ]	チャ行子音．息が出る
		牙音	ㅋ	[kʰ]		[ᵏ]	カ行子音．息が出る
		喉音	ㅎ	[h]	[ɦ]~脱落	[ᵗ]	ハ行子音．息が出る

＊平音は，初声字母の位置にあっても，つまる音 [ᵖ][ᵗ][ᵏ] の直後では濃音化します→ 63頁

発音器官と子音字母

発音器官を象った
基本的な字母を
5つ造り，残りは
それらに画を
加えたり，
並べたりして
造っているさまを，
見ましょう．
文字を覚える助けにも
なります．
初声字母は，
鼻音，流音，平音，
濃音，激音の
5種に分類されます．

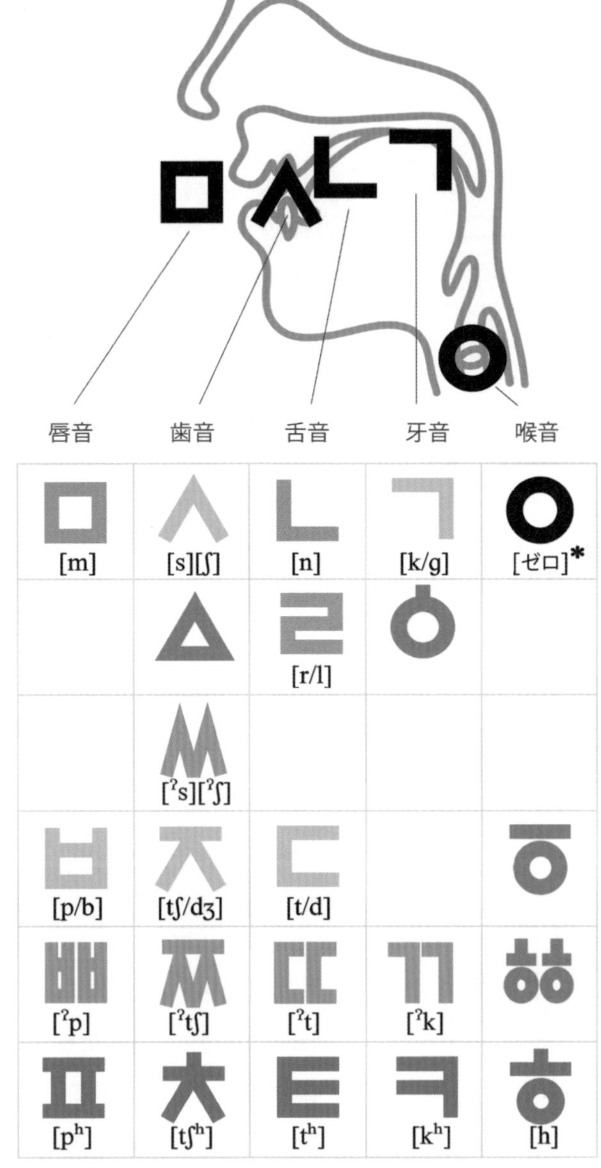

鼻音
ㅁㄴㅇ[ŋ]

流音
ㄹ

平音
ㅂㄷㅅㅈㄱ

濃音
ㅃㄸㅆㅉㄲ

激音
ㅍㅌㅊㅋㅎ

＊「唇音」（脣音），「歯音」……などは訓民正音の名称．
グレーの字母は15世紀の訓民正音創製時に用いられたが，
現代では音が消失したので，用いられない．

＊「ㅇ」は，初声字母の位置では［ゼロ］，終声字母の位置では[ŋ]に用いられます

3.2 鼻音ㅁ [m]，ㄴ [n] の字母と流音の字母ㄹ [r]

初声，つまり音節の頭に立つ鼻音の字母には，ㅁ [m] とㄴ [n] があります：

ㅁ	[m]	日本語のマ行音の子音と同じ 唇を閉じて造る唇音なので，字母は口の形
ㄴ	[n]	日本語のナ行音の子音と同じ 字母は [na] を発音するときの舌の形

누나	[nuna][ヌナ]	（弟から見た）姉．お姉さん
나무	[namu][ナム]	木
메모	[memo][メモ]	メモ
어머니	[ɔmɔni][オモニ]	母．お母さん

ラ行音は流音と呼ばれます．初声の位置では日本語のラ行音の子音と同じ [r] で発音されます：

ㄹ	[r]	日本語のラ行音の子音と同じ 字母の形は漢字の「己」のように最後を跳ねない

노래	[norɛ][ノレ]	歌
우리	[uri][ウリ]	私たち
요리	[jori][ヨリ]	〈料理〉料理

〈 〉内は漢字でも書ける漢字語（→ 6-7 頁）を示します

なお，終声の位置では鼻音はㅇ [ŋ] があります．また流音の字母ㄹは，終声の位置では日本語にはない [l] の音となります→ 58-59 頁

3.2.1 読んでみよう

鼻音と流音と母音だけでも，もうこんな会話ができます．**文の構造は日本語そっくりです！**：

① （写真を見ながら）**누나예요?**

② **―아뇨, 어머니예요.**

＊ **-예요** は [jejo][イェヨ] ではなくて，末尾は円く尖らせずに [ejɔ][エヨ] と発音． 名詞類について「**…です**」を表す．末尾の요を上げると「…**ですか？**」という疑問文になる．**指定詞**と呼ばれる品詞に属する

＊**아뇨** [anjɔ] ～ [anjo][アニョ] 間投詞．**いいえ．**末尾は多く，唇を尖らせずに発音

③ （渡された楽譜を見て）**뭐예요?**

④ **―우리 노래예요.**

＊**뭐** [mwɔ] 代名詞．**何．**話しことばで多用

■答えとワンポイント

① **お姉さんですか？** ② **いいえ，母です．** ③ **何ですか？** ④ **私たちの歌です．**「私たちの歌」は「私たち＋歌」でよい．「…の」にあたる助詞「의」は限られたときにしか用いない．つまり通常，**〈A の B〉は〈A B〉**と言う．A と B の間は離して書く．①－④で解るように，**必要なとき以外は主語は不要．主語を入れる要領は，日本語と同じ**

3.3 平音の字母ㅂ [p]，ㄷ [t]，ㅅ [s]，ㅈ [ʧ]，ㄱ [k]

初声，つまり音節の頭に立つ子音には**平音**と呼ばれる，5 つの字母で表されるグループがあります．発音する際に，激しい息を伴わず，また喉などの緊張も伴わない音です．

声帯の振動を伴わない，日本語の /ka/ の清音の子音 /k/ のような音を**無声音**と言い，/ga/ の濁音の子音 /g/ のように，声帯が震える音を**有声音**と言います．韓国語の母音は全て有声音です．

平音のうちㅅ [s] 以外の 4 つは，**語頭では日本語の清音にあたる無声音，語中の有声音間では濁音にあたる有声音で発音**されます：

ㅂ	[p][b]	パ行音の子音に似る．語中の有声音間では濁って [b]．唇で造る音なので，字母は唇音ㅁ [m] の形から派生
ㄷ	[t][d]	タ行音の子音に似る．語中の有声音間では濁って [d]．字母はほとんど同じ舌の形のㄴ [n] の形から派生
ㅅ	[s]/[ʃ]	サ行音の子音．[i][j] の前では [ʃ]．常に濁らない．字母は歯の形ㅅ
ㅈ	[ʧ][dʒ]	チャ行音の子音に似る．語中の有声音間では濁って [dʒ]．字母はㅅ [s] の形から派生
ㄱ	[k][g]	カ行音の子音に似る．語中の有声音間では濁って [g]．字母は [k] を発音するときの舌の形

바다	[pada][パダ]	海
다시	[taʃi][タシ]	（改めて）また
사자	[sadʒa][サジャ]	〈獅子〉ライオン
자기	[ʧagi][チャギ]	〈自己〉自分
거기	[kɔgi][コギ]	そこ．（例の）あそこ
아버지	[abɔdʒi][アボジ]	父．お父さん

左頁の거기は [kɔki][コキ] ではなく，2 音節目の頭の子音が [kɔgi][コギ] と濁って発音されます．有声音である母音 [ɔ] と有声音である母音 [i] に挟まれているからです．자기（自分）は [tʃagi][チャギ] ですが，ハングルの位置を取り替えて，기자とすると，前のㄱは無声音で濁らず，後ろのㅈの方が有声音化して濁り，[kidʒa][キジャ]（記者）となります．ㅅ [s][ʃ] 以外の平音ではこうした**有声音化**が必ず起こります．ただし母語話者はこうした有声音化は全く意識していません．また有声音の [b][d][dʒ][g] が単語の頭に立つことはありません．つまりバ行音やダ行音など濁音で始まる単語は，韓国語にはないのです．ㄱが기や거のように文字の左側に来ると，片仮名の「フ」のように，左に払います．

いくつかの例を読んで，かつ書いてみましょう：

① **그거예요?**

② **— 네, 이거예요.**

③ **— 아뇨, 저거예요.**

④ **누구예요?**

⑤ **— 아, 저예요.**

⑥ **— 우리 아버지예요.**

⑦ **뭐예요?**

⑧ **— 사과 주스예요.**

① **그거** [kɯgɔ] **それ.**（例の）**あれ．** **-예요?** [ejɔ] 指定詞. **…ですか?** ② **네** [ne] **はい．** **이거** [igɔ] **これ.** **-예요** [ejɔ] 指定詞. **…です** ③ **저거** [tʃɔgɔ]（遠くに見える）**あれ** ④ **누구** [nugu] **誰** ⑤ **아** [a] 間投詞. **あ.** **저** [tʃɔ] **私** ⑧ **사과** [sagwa]〈沙果〉**りんご.** **주스** [tʃusɯ] **ジュース**

① それですか？ ② はい，これです．③ いいえ，あれです．④ 誰ですか？ ⑤ あ，私です．⑥ うちの父です．⑦ 何ですか？ ⑧ りんごジュースです．

3.4 激音の字母ㅍ [pʰ], ㅌ [tʰ], ㅊ [ʧʰ], ㅋ [kʰ], ㅎ [h]

初声，つまり音節の頭に立つ子音には**激音**と呼ばれる音があります．発音する際に，口から激しい息を伴う音です．有気音とも呼ばれます．**口の前にティッシュを垂らして，激音を発音すると，ティッシュが息で揺れます**．掌に「はーっ」と息を吹きかけるような音です．

声帯の振動を伴わないので，**無声音**です．初声の位置では常に激音で，ㅎ [h] 以外は**有声音化して濁ることはありません**．発音記号は右肩に小さな [h] を付して表しますが，例えば [pʰa] は [プハ] ではなく，[パ] という音です．字母は平音字母に画を加えてできています：

ㅍ	[pʰ]	パ行音の子音に似る．唇を開くとき，激しい息が出る．字母は唇音ㅁ [m] の形から派生
ㅌ	[tʰ]	タ, テ, トの子音に似るが，上の歯の付け根から舌を離すとき，強い息が出る．字母はㄷ [t] の形から派生
ㅊ	[ʧʰ]	チャ行音の子音に似るが，舌を離すとき，強い息が出る．字母は平音ㅈ [ʧ] の形の上に点を付す
ㅋ	[kʰ]	カ行音の子音に似るが，舌の奥が口の天井から離れるとき，強い息を伴う．字母は平音のㄱ [k] に 1 画加える
ㅎ	[h]	ハ行音の子音に似るが，激しい息を伴う．語中の有声音間では有声音の [ɦ] になったり，脱落したりする

커피	[kʰɔpʰi][コピ]	コーヒー
파티	[pʰatʰi][パティ]	パーティ
최고	[ʧʰwego][チェゴ]	〈最高〉最高
해요	[hɛjɔ][ヘヨ]	します（か）
하세요	[hasejɔ][ハセヨ]	なさいます（か）

ㅎ [h] が [h] として十全に発音されるのは，単語の頭にあるときだけです．有声音に挟まれると，弱化して，有声音の h になったり，脱落してしまったりします．有声音の h とは [h] を出しながら，声帯が振動する音で，発音記号では [ɦ] と表記されます．ことばでは難しく聞こえますが，実際には日本語でも似たようなことが，しばしば起こります．「話」[hanaʃi] と「お話」[ohanaʃi] の h を比べると，「お話」の方の h はまるで [oanaʃi][オアナシ] に近い発音になっていませんか？ そうなっている方は，h が脱落したり，有声の [ɦ] で発音されたりしていることになります．本書ではこうした h を発音記号では [(h)] のように表記し，h が脱落した場合の仮名表記を示します：

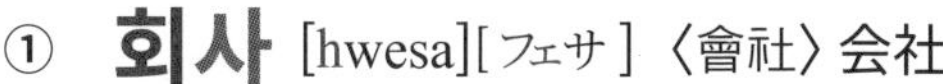

① **회사** [hwesa][フェサ] 〈會社〉会社

② **사회** [sa(h)we][サウェ] 〈社會〉社会

③ **취미가 뭐예요?**
④ **—테니스예요.**
⑤ **—야구가 취미예요.**

③ [tʃ^{h}wimiga mwɔejɔ][チュィミガ ムォエヨ] **趣味は何ですか？**

취미 〈趣味〉趣味．-**가** [助詞]（母音で終わる単語について）…**が**．逐語訳すると，「趣味が何ですか」．**뭐**（何）のような疑問詞と共に用いると，-**가**は「…は」の意味となる．-**예요** [ejɔ] …**です（か）**．後ろの요だけ上げて発音すると，疑問文となる

④ [t^{h}enisɯejɔ][テニスエヨ] **テニスです．**

테니스 テニス

⑤ [jaguga tʃ^{h}wimiejɔ][ヤグガ チュィミエヨ] **野球が趣味です．**

야구 〈野球〉野球

3.5 濃音の字母 ㅃ [ˀp]，ㄸ [ˀt]，ㅆ [ˀs]，ㅉ [ˀʧ]，ㄲ [ˀk]

初声，つまり音節の頭に立つ子音には**濃音**と呼ばれる，他の言語でもなかなか見当たらない音があります．発音する際に，喉を著しく緊張させて発する音です．口からの激しい息も伴わず，常に濁らない無声音です．

字母は平音字母を細くして，2 つ横に並べた形です：

ㅃ	[ˀp]	パ行音の子音の前に「っ」をつけて発音するような音． 「やっぱり」の「っぱ」の子音に似る
ㄸ	[ˀt]	タ，テ，トの前に「っ」をつけて発音するような音． 「やった」の「った」の子音に似る
ㅆ	[ˀs]/ [ˀʃ]	サ行音の子音の前に「っ」をつけて発音するような音． [ˀs] は「あっさり」の「っさ」の子音， [ˀʃ] は「どっしり」の「っし」の子音に似る
ㅉ	[ˀʧ]	チャ行音の子音の前に「っ」をつけて発音するような音． 「やっちゃった」の「っちゃ」の子音に似る
ㄲ	[ˀk]	カ行音の子音の前に「っ」をつけて発音するような音． 「一杯やっか」の「っか」に似る

오빠	[oˀpa][オッパ]	(妹から見た) お兄さん．兄
어때요?	[ɔˀtɛjɔ][オッテヨ]	どうですか？
싸요	[ˀsajɔ][サヨ]	安いです
짜요	[ˀʧajɔ][チャヨ]	塩辛いです
아까	[aˀka][アッカ]	さっき

＊ㄲも，까のように文字の左の位置に来ると，
片仮名の「フ」のように，最後を左に払って書きます

発音してみましょう．もう会話らしくなっています：

① **지유 씨 오빠예요?**

② **— 네, 우리 오빠예요.**

③ **어때요? 이 스커트, 예뻐요?**

④ **— 네, 아주 예뻐요.**

⑤ **그거, 뭐예요?**

⑥ **— 아, 찌개예요.**

스커트

① [ʧjuˀʃi oˀpaejɔ] [チユシ オッパエヨ]

② [ne uri oˀpaejɔ] [ネ ウリ オッパエヨ]

③ [ɔˀtɛjɔ i sɯkʰɔtʰɯ jeˀpɔjɔ] [オッテヨ イ スコトゥ イエッポヨ]

④ [ne adʒu jeˀpɔjɔ] [ネ アジュ イエッポヨ]

⑤ [kɯgɔ mwɔejɔ] [クゴ ムォエヨ]

⑥ [a ˀtʃigeejɔ] [ア チゲエヨ]

① **지유**〈智由〉**チユ**（女性の名）．**씨**〈氏〉**…さん**．直前の固有名詞とつけて発音．〈A の B〉は〈A B〉② **우리 私たち**．「私の兄」は，妹が自分が 1 人でも，通常は「私たちの兄」と言う．家族の名称は基本的に全て「私の母」も「私たちの母＝うちの母」のように言う ③ **이 この**．**스커트 スカート**．**예뻐요 可愛いです(か)** ④ **아주 とても** ⑥ **찌개 チゲ**（鍋物）

① チユさんのお兄さんですか？

② はい，私の（＝私たちの）兄です．

③ どうですか？ このスカート，可愛いですか？

④ はい，とっても可愛いですよ．

⑤ それ，何ですか？

⑥ あ，チゲですよ．

3.6 もう会話が愉しめる

母音と初声，それらの字母を学びました．これだけでも会話が愉しめます．〈話しことば〉で多用される，いくつかのパーツを体系的に整理してみましょう：

<table>
<tr><td>これ</td><td>이거</td><td>[igɔ]</td><td>[イゴ]</td><td>日本語の「これ」と同じ</td></tr>
<tr><td>それ</td><td rowspan="2">그거</td><td rowspan="2">[kɯgɔ]</td><td rowspan="2">[クゴ]</td><td rowspan="2">日本語の「それ」に似る
発話の現場にないもの
話し手と聞き手が互いに了解しているもの</td></tr>
<tr><td rowspan="2">あれ</td></tr>
<tr><td>저거</td><td>[tʃɔgɔ]</td><td>[チョゴ]</td><td>遠くにあって指をさせるようなもの</td></tr>
<tr><td>どれ</td><td>어느 거</td><td>[ɔnɯgɔ]</td><td>[オヌゴ]</td><td>日本語の「どれ」と同じ</td></tr>
</table>

*こそあどの体系は日本語と似ていますが，「この間のあれ」などは「この間のそれ」にあたる**그거**（それ）を用います．遠くにある，指をさして示せるようなもののみ，**저거**（あれ）を使う，と覚えればいいでしょう．
***어느 거**（どれ）は，逐語訳すると，「どの＋もの」の意で，2つの単語からなります．発音は1単語のようにつけて発音します．

<table>
<tr><th colspan="5">母音で終わる体言（＝名詞類）につく指定詞</th></tr>
<tr><td>-예요.</td><td rowspan="2">[ejɔ]</td><td rowspan="2">[エヨ]</td><td>…です</td><td>末尾の요[ヨ]を下げると，平叙文</td></tr>
<tr><td>-예요?</td><td>…ですか</td><td>末尾の요[ヨ]を上げると，疑問文</td></tr>
</table>

*「これは本です」「AはBです」のように，〈それがそれであること〉を同定する，つまりアイデンティファイする単語で，指定詞と呼ばれる品詞に属します．
丁寧で柔らかい表現です．
*日本語では自己紹介に「田中です」のように，「…です」を主語なしでも用いますね．日本語の「…です」と同様，この**-예요.**と**-예요?**は，「これは」のような主語がなくても使えます．

次の会話文の意味を考えてみましょう．仮名で近似的な発音も示しておきます．正確な発音と意味は次の頁で確認しましょう：

チ ユ シ シャプ オ ヌ ゴ エ ヨ

① **지유 씨 샤프, 어느 거예요?**

ア ク ゴ エ ヨ

② —**아, 그거예요.**

イ ゴ ムォ エ ヨ

③ (友人の飲み物をさして，店員に) **이거 뭐예요?**

ア ア エ ヨ

④ —**아아예요.**

チョ ド イ ゴ チュ セ ヨ

⑤ —**저도 어거 주세요.**

① **씨** [$^{?}$ʃi] 〈氏〉…**さん**．**샤프** [ʃap^{h}ɯ] **シャープペン**．日本語の [シャープ] のように母音を伸ばさず，通常は [シャプ] と短く．外来語にはこのように激音を用いる単語が多い ② **아** [a] 間投詞．**あ** ③ **뭐** [mwɔ] **何** ④ **아아** [aa] コーヒーの一種，**アイスアメリカーノ**（**아이스 아메리카노**）の略 ⑤ **저** [tʃɔ] **私**．‐**도** [do] …**も**．助詞．**주세요** [tʃusejɔ] **ください**．**주다**（くれる．やる）という動詞の変化形

前頁の会話文の発音と意味を確認しましょう．イントネーションに注意しながら，音源をまねて，会話をしてみましょう：

① **지유 씨 샤프, 어느 거예요?**

② **— 아, 그거예요.**

③ **이거 뭐예요?**

④ **— 아아예요.**

⑤ **— 저도 이거 주세요.**

① [ʧiju^{ʔ}ʃi ʃap^{h}ɯ ɔnɯgɔejɔ] [チユシ シャプ オヌ ゴエヨ]
② [a kɯgɔejɔ] [ア クゴエヨ]
③ [igɔ mwɔejɔ] [イゴ ムォエヨ]
④ [aaejɔ] [アアエヨ]
⑤ [ʧɔdo igɔ ʧusejɔ] [チョド イゴ チュセヨ]

①③は疑問文なので，文末の요を高く上げて発音します．
文字は唇を円く尖らせる요ですが，文末では通常，円く尖らせません．

ㅈはゴシック体の字形です．明朝体や教科書体のようなフォントでは片仮名の「ス」のような形ㅈになります．手書きのハングルでもこのように２画で書きます．また，下の例に見える，教科書体などのㅇの上部の突起は，筆で書くときの打ち込みにあたります．手書きではこの突起は不要で，上から反時計回りにただ丸を書けば，OK です．文字の形に注意しながら，なぞって書いてみましょう：

지	유		씨		샤	프	,
어	느		거	예	요	?	
아	,	그	거	예	요	.	
이	거		뭐	예	요	?	
아	아	예	요	.			
저	도		이	거		주	세
요	.						

① チユさんのシャープペン，どれですか？
② （相手の近くにあるものを指さして）あ，それですよ．
③ これ何ですか？
④ アイスアメリカーノですよ．
⑤ 私もこれください．

①で，「チユさんのシャープペン」の「の」にあたる助詞は必要ありません．「AのB」は「A B」が原則です．AB の間は半角空けます．

第4の扉

韓国語はこんな言語だ

韓国語と日本語はこんなに似ていて，でも異なる

さて，ハングルの母音字母と初声の子音字母を学びました．韓国語の文にも少し触れたこのあたりで，そろそろ韓国語とはそもそもどのような言語なのか，その全体像を見ておきましょう．今後の学習の深いところできっと役に立ちます．

4.1 ハングルは文字，韓国語は言語

日本語や英語，中国語やフランス語などの名称は，**〈言語〉**への名づけです．これに対して，仮名や漢字，ローマ字などの名称は，**〈文字〉**あるいは**〈文字体系〉**への名づけです．同様に，韓国語や朝鮮語は言語への名づけ，ハングルは文字体系への名づけです．韓国語や朝鮮語と言いましたが，この 2 つは同じ言語です．この本ではそのことを示すために，しばしば**〈韓国語＝朝鮮語〉**と書きます．

英語会話やフランス語会話はあっても，「仮名会話」や「ローマ字会話」というものはありません．やはり同様に韓国語会話や朝鮮語会話はあっても，「ハングル会話」などというものはないわけです． 日本語圏では「ハングル」があたかも言語の名称のように，間違って使われることがあるので，気をつけねばなりません．

言語と文字は別々のものです．言われてみると，解りきったことのようでも，私たちはしばしばこの 2 つを混同します．例えば，駅のホームの “Shinjuku” という表記を，「英語で書いてある」と言ったりするのは，

そうした混同の例です．“Shinjuku” は別に英語で書いてあるわけではなく，日本語の固有名詞をローマ字で書いてあるだけですね．言語はどこまでも日本語，文字はローマ字＝ラテン文字というわけです．

逆にローマ字＝ラテン文字で表記している言語は，英独仏西伊語…など，世界にたくさんあります．ロシア語にはキリル文字があり，モンゴル語にはモンゴル文字という，縦に書く，伝統ある文字があります．一時期はキリル文字で書かれました．トルコ語の世界ではずっとアラビア文字を使ってきましたが，現在はローマ字が用いられています．このように**文字も取り替わったりします**．カフカス＝コーカサスにあるグルジア＝ジョージアには古くからグルジア文字があります．ギリシャにはギリシャ文字がありますね．インドネシア語のように文字が使われなかったところに，ローマ字が使われるようになった言語もあります．インド亜大陸でもヒンディー語など多くの言語があり，かついくつかの種類の文字が使われています．サンスクリット語などに用いられた梵字は，日本語圏でも古くから知られていました．また，モンゴル文字に手を加えた満洲文字は，満洲族が作った清帝国では広く用いられました．ただし今日ではほとんど用いられていません．このように**多用されたのに，歴史を経る中で，使われなくなってしまう文字**も，いくつもあります．

← 千葉県館山市大巌院にある四面石塔．1624 年．ハングル，漢字の篆書と楷書，梵字で「南無阿弥陀仏」とある（著者撮影）

Unicode のフォントで表記した満洲文字：〈manju gisun〉（満洲語）の意→

4.2 地球上には言語がいくつある?

世界には**数千の言語**があります．言語学者たちは七千，八千といった数を論じています．数え方によって数がずいぶん変わってきます．

例えば古くからの伝統的な沖縄のことばは，琉球国の存在といった歴史的条件を踏まえれば，〈日本語〉とは別の，**〈琉球語〉**という名称で呼ぶことができます．しかし明治以来の日本の国語学では，日本語の〈沖縄方言〉と位置づけられてしまうのが，主流でした．

なお，東京のことばと沖縄の伝統的なことばの違いは，見方によっては，スペイン語とポルトガル語の違いよりも，ずっと大きいとも言えるのですが，スペイン語とポルトガル語は言語の系統は同じ，親戚同士です．よく似ています．それぞれが世界制覇を争うほどの軍隊を持ち，国家を作りましたし，ことばを文字で書く決まり＝正書法も持っています．あまり似ていなくても，日本語と琉球語も系統は同じ，親戚同士です．でも薩摩藩の侵略を経て，1879 年の「琉球処分」によって首里城は明け渡され，琉球王朝は滅んで，琉球国は日本が飲み込んだままになっています．琉球語の世界において，正書法，つまりことばを文字で書く決まりを確立する以前に，日本が支配してしまったのです．

琉球語の内部も，なにせ豊かな海洋に広がる言語ですから，地域差が激しく，1 つの言語とするのも，難しいほどです．言語学では 1 つの言語ではなく，**〈琉球諸語〉**や**〈琉球語派〉**などと呼んで，いくつかの言語の集まりと考えることもあります．言語学的には鹿児島県の奄美群島のことばも琉球諸語と考えられています．

要するに**言語と方言の区別は，言語だけでは決められません**．多くは政治的，歴史的な，言語外の条件で決められています．

あるいはまた，4500メートル級の高山や熱帯雨林からなるパプアニューギニアなどは，小さな部族がたくさん存在しており，多くの言語が密集していることで，知られています．当然のこと，言語学者の数も限られていますから，言語学的な調査も容易ではなく，こうした点からも，世界の言語の数は数千といった大雑把な数になってしまいます．

数千ある中で，**韓国語＝朝鮮語は，言語音はだいぶ異なりますが，文の構造も語順も日本語と非常によく似た言語**です．

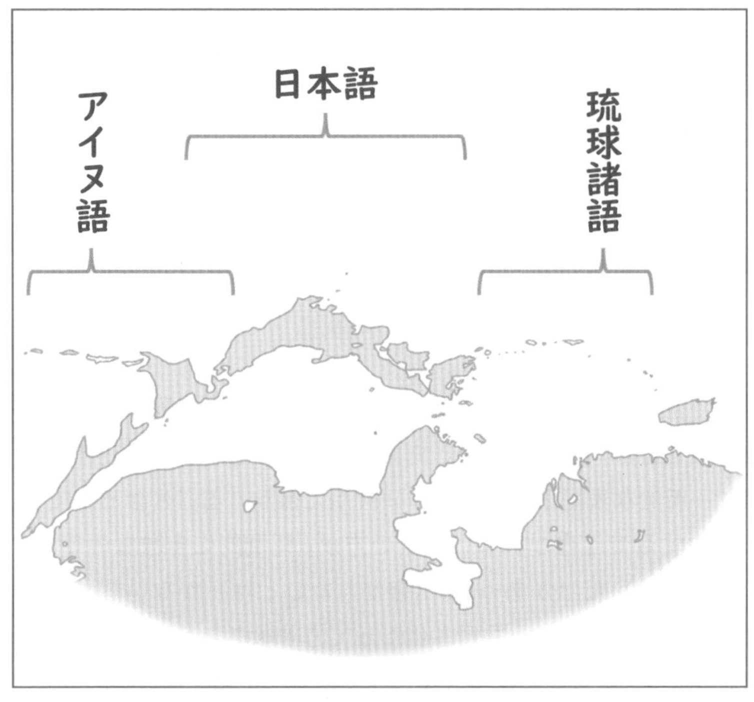

もともと日本列島にはアイヌ語，日本語，琉球諸語という大きな言語のグループがあった．現在は日本語がとても大きな比重を占めている．言語学では，日本語はもちろん，アイヌ語や琉球諸語も細分化して位置づけらている．日本語と琉球諸語は同じ系統の似た言語で，1つの言語の大きな2つの方言ともされた．アイヌ語は全く別の系統で，日本語とは似ていない．

4.3 言語は音の世界に，文字は光の世界に

言語とはまず，聴覚の世界で音から成り立つものです．人がことばを話すところに，言語が〈かたち〉となって現れているわけです．そしてその言語の〈かたち〉の実体は音，言語音です．言語の存在は，〈文字のあるなし〉とは，直接の係わりはありません．言語は音＝聴覚の世界に実現するもので，それが**〈話されたことば〉**です．

言語とは違って，文字は視覚の世界，光の世界に実現するものです．光なきところに，文字は現れることができません．石に刻まれていても，紙に印刷されていても，ディスプレイの上に映し出されていても，文字は基本的には視覚的な〈かたち〉だからです．光＝視覚の世界に実現するのが，**〈書かれたことば〉**です．光がなくても読める点字は，画期的な触覚的仕組みですが，そこには視覚的な構造が利用されています．

要するに**〈話されたことば〉は音の世界に，〈書かれたことば〉は光の世界に**実現します．

世界で話されている言語のうち，**文字で書かれる言語の方が，はるかに少ない**ことは，ここで注目しておいてよいでしょう．言語学的な調査などで一時的な表記法を用いて，研究用に書かれることはあっても，日常の言語生活では書かれない言語の方が，圧倒的に多数なのです．〈話されたことば〉だけがあって，〈書かれたことば〉がない言語が，圧倒的に多いのです．そもそも日本語だって方言はあまり書かれることはありませんね．しかし人口から見ると，中国語や英語のように，やはり**〈書かれたことば〉を持つ言語の人口が多い**のです．

なお，ある言語を話す人は誰でも，その言語で書くことができるとは限りません．その言語の話し手でも，その言語の文字を知らない人や，文字を自在に扱えない人は，世界にはいくらでも存在します．歴史を見ると，多くは政治的，経済的な**権力が文字の所有を支えてきた**のでした．

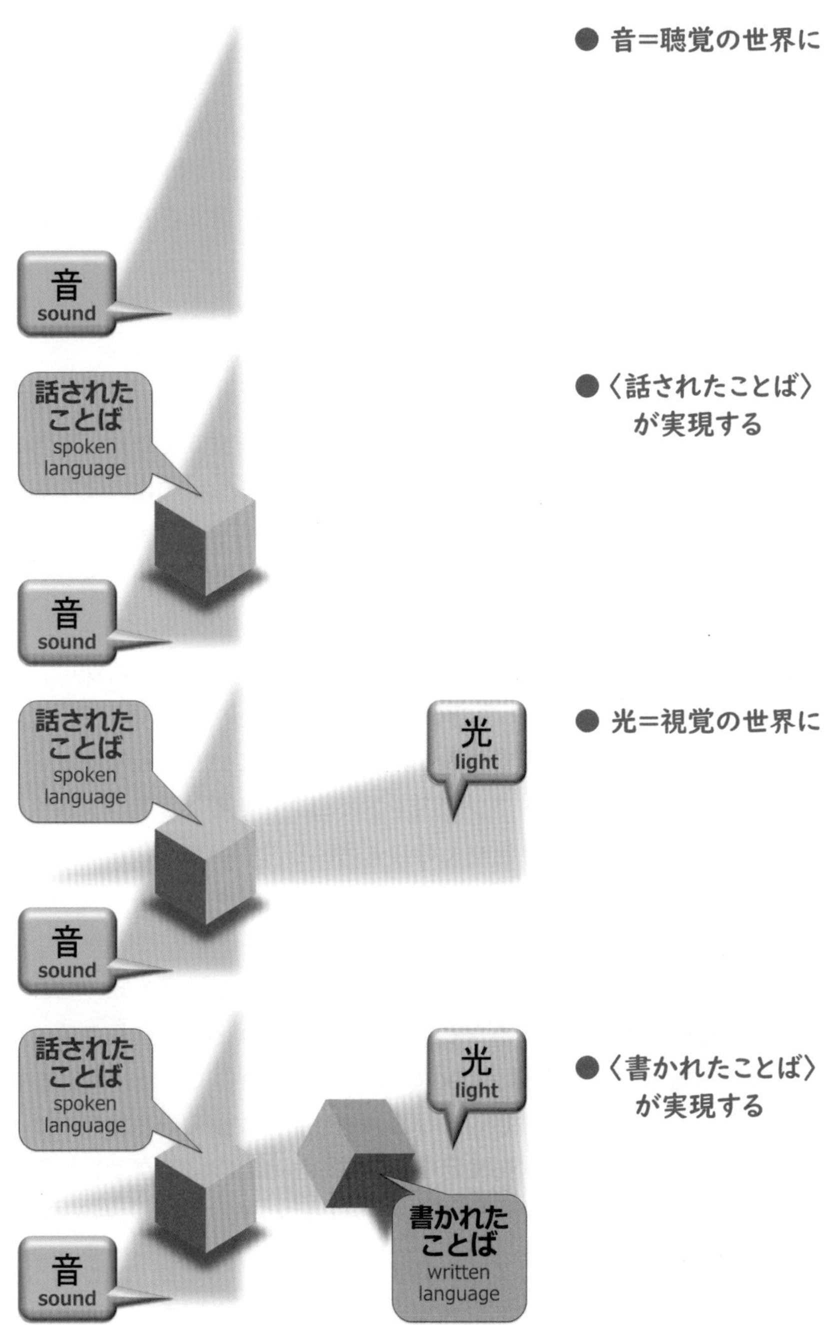

● 音=聴覚の世界に

●〈話されたことば〉
が実現する

● 光=視覚の世界に

●〈書かれたことば〉
が実現する

4.4 言語と文字は別々に動く

言語と文字は別々の世界，別の階層に実現するものなので，別々に動くことができます．日本語という言語は，仮名だけで書くことも，仮名と漢字を混ぜて書くことも，またローマ字だけで書くこともできますね：

にほんごでかく　　日本語で書く　　Nihongode kaku

たったこれだけ見ても解るように，同じ言語音を文字ではいろいろに書くことができます．つまり言語の世界では変わらないのに，文字の世界ではいろいろに変えても構わないわけです．そもそも日本語で**漢字**を用いること自体が，中国語という他の言語で用いられていた文字を，拝借しているわけですから．

このように，1 つの言語をいろいろな文字体系で書けるのと逆に，**いろいろな言語を同じ 1 つの文字体系で書くこと**もできます．例えば，もともとは古いラテン語を書き表すのに用いられていた**ローマ字**という文字は，英独仏語，インドネシア語やトルコ語，あるいはまたエスペラントなど，いろいろな言語を書くのに，用いられています．

ローマ字には母音を表す字母が，文字の世界では基本的には aiueo の 5 つしかありませんから，言語の世界において母音の種類が 5 つより多い言語の場合は，記号をつけるとか，2 文字や 3 文字を組み合わせて 1 つの音を表すことにするなど，何らかの対策が必要になります．日本語の東京方言なら母音は aiueo の 5 つしかないので，ローマ字だけで間に合います．これに対し，フランス語やドイツ語の母音はたくさんあるので，aiueo だけでは到底足りず，右の例のように**アクサン記号**や**字上符**と呼ばれる符号をつけています．フランス語には他にも，ou という 2 文字の組み合わせで /u/ ，eau の 3 文字で /o/ というそれぞれ 1 つの母音を表すことにするなど，いろいろ工夫をしています．

言語によってはローマ字では字母の数が足りなくなったり，発音や単語を区別できないので，ローマ字に符号を加えたりと，様々に工夫している．

① プレタポルテ＝既製服．「そのまま着られる」の意．英語の ready to wear をフランス語に訳したもの．prêt［プレ］は「準備ができている」の意で，prêt 単独なら，最後の t は発音しない．上の例のように次に母音がくると発音されるので，t を書く決まりである．この現象をリエゾン (liaison) と呼ぶ．porter［ポルテ］は「着る」という意味の動詞で，最後の r は発音しない．フランス語では「a」は英語の has に相当する，「持つ」の意の 3 人称単数現在の形に用いられ，ここでのようにアクサン・グラーブ（accent grave：英語では grave accent と言い，重いアクセントの意）と呼ばれるアクサン記号「ˋ」がついた「à」は，英語の to や at にあたる前置詞に使われる

② エチュード＝練習曲．フランス語では「è」「é」「ê」の表記を単語によって区別している

③ プレパラート（実験器具の）．「ä」は「ア」と「エ」の間のような母音

④ フェーン現象．「ö」は「オ」と「エ」の間のような母音

4.5 韓国語と日本語：文法は似て，音は似ていない

韓国語と日本語は，文法的な体系はとてもよく似ているのに対し，言語音は似ていません．

ここでは文法的な体系が似ているという点を，ごく簡単に見ておきましょう．大きく 2 つの点に集約されます：

① 文を組み立てる構造がそっくり
②〈てにをは〉＝助詞が存在する

文の構造は，英語のような主語＋述語＋目的語の〈SVO〉ではなく，日本語と同じ主語＋目的語＋述語の **〈SOV〉型**です．**主語も日本語同様，必要なときのみ，明示する**言語です．しかしこんな単純な構造ではなく，もっと細かな構造までそっくりだということが言えます．例えば：

> きのう＋私＋が＋新大久保＋で＋話＋を＋して＋いた＋人＋は＋幼い＋とき＋隣＋に＋住んで＋いらっしゃった＋お兄さん＋でした

などという文も，頭から順に韓国語に置き換えていけば，とりあえず，韓国語ができあがります． **体言＝名詞類に助詞がつく**ことも，同じです．のみならず，日本語の「…している」は「して」という形に「人がいる」の「いる」を加えて作りますが，韓国語も同様に「して」に相当する形に，「人がいる」の「いる」を加えて，作ります．「話をして**いた**→人」のような**連体形**がある点も同じです．また，日本語では，文末は「でした」か「だった」を選んで，**丁寧さ**を変化させますね．韓国語も同様に**丁寧な形とぞんざいな形**を選ぶことができます．「住んでいらっしゃった」などという**尊敬形**があることも，同様です．

文法的な構造の点では，韓国語は日本語に最もよく似た言語だと言えます．ですから，**日本語との違いに注目して学べ**ばよいのです．

4.6〈話しことば〉と〈書きことば〉が大きく異なる

聴覚的な〈話されたことば〉に主に現れる表現を，**〈話しことば〉**と言います．これに対し，視覚的な〈書かれたことば〉に主に現れる表現は，**〈書きことば〉**です．〈話されたことば〉〈書かれたことば〉は，言語が現れるか，いかに存在するかという，言語のあり方＝存在様式です．他方，〈話しことば〉〈書きことば〉は言語の表現様式です．韓国語も日本語同様，〈話しことば〉と〈書きことば〉はずいぶん違います．単語の違いだけでなく，**用言＝動詞類の形造り**の点で異なっていて，それらの違いは**〈文体〉**と呼ばれる，体系をなしています．

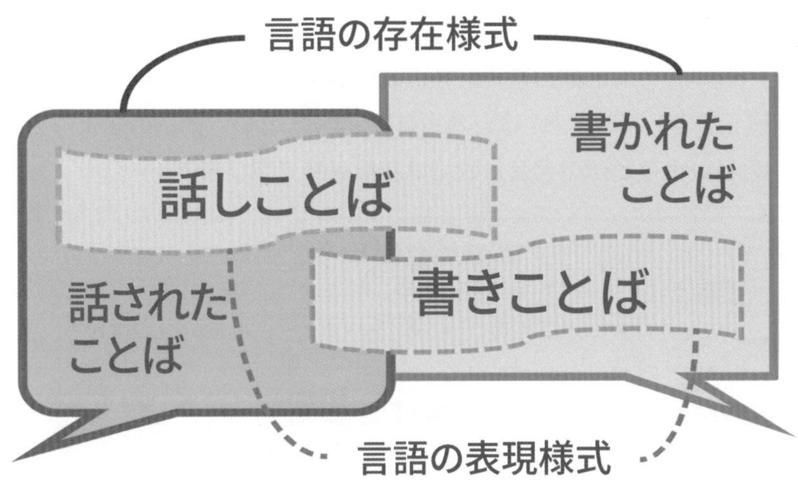

〈書きことば〉には日常で通常用いる文体のほか，いわゆる文語体的な古風な表現もあります．

韓国語の〈話しことば〉には，**ぞんざいな文体から丁寧な文体まで，いくつかの文体**があります．文体は日本語より多彩ですが，よく用いられる文体は，次頁で見る，概ね3つほどに定まっています．

韓国語は男性と女性のことばの差はほとんどありません．

4.7 丁寧な해요体，합니다体，ぞんざいな해体

韓国語の〈話しことば〉には，**ぞんざいな文体から丁寧な文体まで，いくつかの文体＝話すスタイルがある**のでした．誰が誰に向かっていかなる場で語るのかによって，文体を使い分けます．文体は日本語より多彩ですが，**よく用いられる文体は概ね 3 つ**ほどに定まっています．

いくつかあった文体が，現在のソウルことばでは，基本的には**丁寧な文体と，ぞんざいな文体の二極分解**を起こしています．丁寧な文体には，**해요**[ヘヨ]**体**と**합니다**[ハムニダ]体の２つがあり，**해요体が親しみやすく，柔らかい文体，합니다体がフォーマルな文体**です．**ソウルことばの丁寧な文体は해요体が圧倒的に多く用いられ**，それに합니다体を必要に応じて混ぜて用いています．**ぞんざいな文体は해**［へ］**体**の一択で，**반말**［パンマル］（半分のことばの意）と呼ばれています．この해요（します），합니다（します），해（する）はどれも하다（する）という動詞の変化形です．합니다ということばの発音と表記は次章以降で学びます：

丁寧	フォーマル	합니다体	します・しますか？
	柔らかく親しみ	해요体	します・しますか？
ぞんざい	無礼 / 親しみ	해体＝반말	する・する？

このようなわけで，韓国語の世界で人と人とが出会うと，互いに話す文体を選択せねばなりません．大人を相手に話すのであれば，「します」や「しますか」に相当する해요体が基本で，なおかつ「なさいます」「なさいますか」に相当する尊敬形を用います．従って，皆さんが**韓国語を学ぶには，해요体と합니다体の学習が不可欠**です．小学生以下くらいの子どもを相手に話すのであれば，初対面でも해体で構いません．

4.8 人が出会うと，話すスタイルを選択する

韓国ドラマで，人と人とが出会う際には，必ず互いの文体＝スタイルを決めます．ラブコメなどでは，最初は丁寧な文体で話していたのに，**親しくなると해(へ)体＝반말(パンマル)で話す**ように文体を変化させるシーンが必ず描かれます．해体はぞんざいですので，親しい同年配の友人など以外では無礼になりますが，同年配の友人や恋人を相手に，あるいは小さな子どもが親に用いるなど，逆に親しみをも表せるわけです．**文体がいつ，どんなときに，どんな台詞(せりふ)で変化するか**も，見どころの１つになります．

あるいはまた，日本語でもありますが，「何だその口の利き方は」といった具合に，口の利き方，即ち文体＝話のスタイルで口論になったりするシーンなどは茶飯事です．蔑視して，命令口調の반말で話していた相手が，実は雲の上の上司だったというのも，よく用いられるドラマ構成です．オフィスでは해요体で，２人だけになると해体になる「社内恋愛」などもしばしば．初対面で文体を決めるための探り合いのシーンなども面白いですよ．要するに韓国語で話すとは，一生の間，こうした文体の選択を引き受けることになるわけです．〈話されたことば〉の文体よ，ああ，揺り籠からお葬式のことばまで！ これからはこうした観点からもドラマの韓国語を観察しましょう．

第5の扉

さあ，君は韓国語の終声を聴いたか

韓国語の発音の肝，終声また初声となる

「第 1 の扉」（10–11 頁）で見たように，韓国語の音節は，〈子音＋母音〉つまり〈初声＋中声〉だけではなく，**〈子音＋母音＋子音〉**つまり**〈初声＋中声＋終声〉**という構造があるのでした．既に〈初声＋中声〉は学び終えました．いよいよ終声について見ていきましょう．11 頁の図でも見た [pa^{p}] という音節を見てみましょう：

[pa^{p}][パプ]

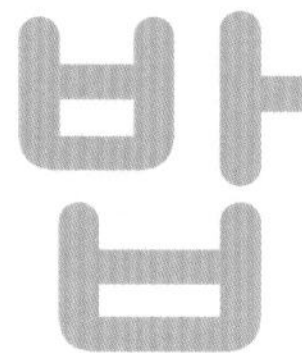

p	a
p	

発音記号では [pa] の後ろの小さな [^{p}] が終声です．韓国語ではこうした終声には 7 種類の音が立ちます．それぞれ初声と同じ字母で次のように，文字の下半分に書きます．[a] に終声字母をつけてみましょう：

아	암	안	앙	압	앋	악	알
[a]	[am]	[an]	[aŋ]	[a^{p}]	[a^{t}]	[a^{k}]	[al]
[ア]	[アム]	[アン]	[アん]	[アプ]	[アッ]	[アク]	[アル]
終声なし	鼻音			口音			流音

＊流音も口音ですが，終声を上のように，鼻音，口音，流音と 3 種に分類しておくと，あとで便利です．

5.1 終声の発音はK-POPがマニアックに教えてくれる！

韓国語の終声の音には他の言語と異なった，次の特徴があります：

① [m][n][ŋ][^{p}][^{t}][^{k}][l] という 7 種の音のみが終声となる
② 全て閉鎖するだけで開放しない

日本語には，終声に相当する音が，「ん」と，「やった」などの小さい「っ」しかありません．英語には終声にあたる音が，もっとたくさんあります．それどころか，books [bʊks] や tips[tɪps] の [ks] や [ps] のように子音が 2 つ連続することなどがありますね．韓国語の終声は必ず 1 つで，こうした 2 つ以上の子音連続はありません．

日英語など多くの言語の終声に相当する子音と，韓国語の終声子音が決定的に異なるのが，上の②の性質です．例えば maniac [méɪniæk]（マニアック）という英単語の最後の [k] の音は，母語話者の発音では，k の形から口をやや開き，息がわずかに漏れます．これを音声学では**〈閉鎖した後，開放する〉**とか**〈閉鎖した後，破裂する〉**と表現します．英語の終声にあたる音は，単独の発音では全てこのように，閉鎖の後で破裂します．そこで [p][t][k] などを**〈破裂音〉**とも呼びます．ところが，韓国語は違います．[k] を発音する形で閉じたまま，破裂しない，開放しない**〈閉鎖音〉**です．ですから日本語母語話者の耳には，韓国語の**매니악** [menia^k][メニアㇰ] の最後の終声 [^{k}] は聞こえず，まるで [メニア] と発音しているように聞こえるでしょう．本来は [pibimpa^p][ピビㇺパㇷ゚] だったものが，日本語に入ると，[ビビンパ] となるのも，このためです．

K-POP，2022 年の名曲，Stray Kids（ストレイキッズ）というグループの**〈MANIAC〉という曲**を YouTube で聴いてみましょう．繰り返される**매니악** [menia^k][メニアㇰ]（＝マニアック）という単語の，最後の [^{k}] がびしーっと閉鎖するだけで，開放していないことが，よく解ります（→ QR コード）．

5.2 안녕? [アンニョん]（やあ!）鼻音の終声！

発音する際に，鼻から空気が抜ける音が，**鼻音**です．初声にはㅁ [m] とㄴ [n] がありました→28 頁．終声にはこれに加えてㅇ [ŋ] があります．発音記号の [ŋ] は日本の音声学などでは**「エヌジー」（ng）**と呼ばれます．ㅇの字母は初声字母の位置では子音がないことを示す字母でしたが，**終声字母の位置では，鼻音の [ŋ] エヌジー**を表します．15 世紀には初声字母はㅇ，終声字母は頭に突起のついたㆁという形で（→ 29 頁の表），互いに区別していましたが，現在はいずれも円の形のㅇを用いています：

ㅁ [m] 唇をしっかり閉じたまま鼻に抜く音
「あんまり」[ammari] の「ん」[m] に似る

ㄴ [n] 舌先を上の歯の裏，歯茎にしっかりつけたまま，鼻に抜く音．
「あんない」[annai] の「ん」[n] に似る

ㅇ [ŋ] 舌先を下に置いたまま，舌の奥を口の天井（軟口蓋）にしっかりつけたまま，鼻に抜く音．唇は閉じない
「あんがい」[aŋŋai][aŋgai] の「ん」[ŋ] に似る

밤 [pam][パム] 夜

반 [pan][パン] 〈半〉半分

방 [paŋ][パん] 〈房〉部屋

안녕? [annjɔŋ][アンニョん] やあ！ バイバイ！

선생님 [sɔnsɛŋnim][ソンセんニム]〈先生 －〉先生

「**안녕？**」だと「やあ！」「元気？」という出会いのあいさつ．「**안녕！**」なら「バイバイ！」「またね！」という別れのあいさつとなります．「愉しみよ, **안녕？**」（こんにちは）

[am][アム]

[an][アン]

[aŋ][アん]

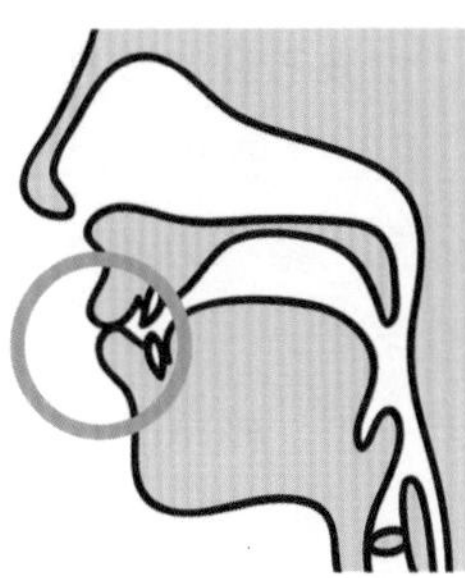

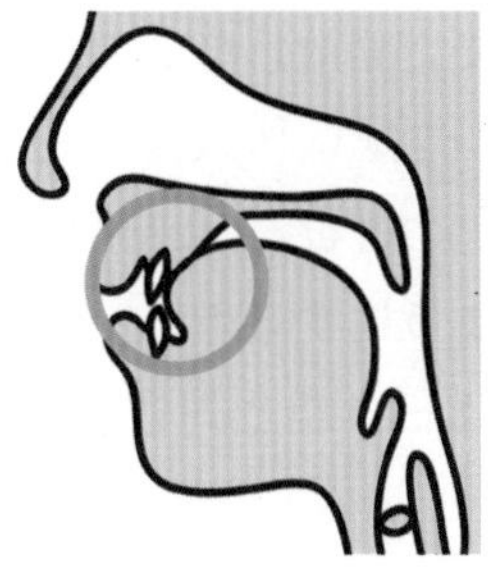

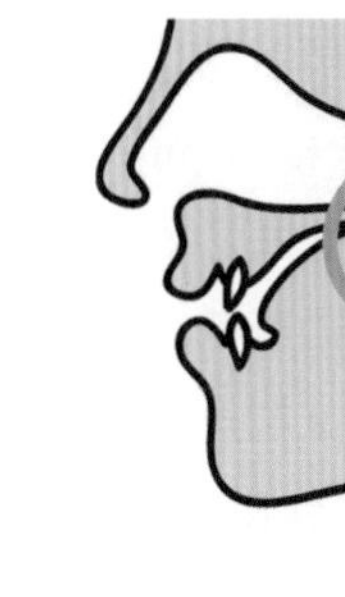

唇をしっかり
結んで
終わります

舌先をしっかり
上の歯と歯茎に
つけます

舌は [k] とほぼ
同じ形で軟口蓋に
つけ，鼻に抜きます

① **김 선생님, 안녕하세요?**

② **―어, 나영 씨, 안녕?**

① **김** [kim]〈金〉**キム**．最も人口の多い姓．
안녕하세요 [annjɔŋ(h)asejɔ][アンニョんアセヨ]〈安寧－〉**こんにちは．お早うございます．今晩は．「お元気ですか」**の意．**初対面のあいさつにも使える．**大人や目上に対して用いる．1日中使える．家庭内の家族同士では用いない

② **어 お**．気づきなどの間投詞．**나영**〈奈英〉**ナヨン**．女性の名．**안녕**〈安寧〉（出会いに）**やあ．こんちは．元気？**（別れに）**バイバイ！ またね．**親しい友人同士や，子ども相手に用いる

① 金先生，こんにちは．
② お，ミユンさん，元気？

5.3 口音の終声と流音の終声

発音する際に，口に空気が抜ける音が，**口音**です．他の終声と同様，口音の終声も閉じるだけで，開放しないので，**鋭い，つまる音**になります．ㅂ [^{p}] はㅁ [m] と，ㄷ [^{t}] はㄴ [n] と，ㄱ [^{k}] はㅇ [ŋ] と，それぞれ口や舌の形は同じで，ただ，のどひこ（口蓋垂）を上げて，鼻への通路を塞ぎ，鼻に空気が出ないようにする点だけが，異なります．

流音ㄹは初声の位置では日本語と同じ [r] になりますが，終声の位置では [l] の音になります：

ㅂ	[^{p}]	唇をしっかり閉じたまま終わる音 「あっぱれ」[a^{p}pare] の「あっ」で唇を閉じた音
ㄷ	[^{t}]	舌先を上の歯の裏，歯茎にしっかりつけたまま，止める音 「あった」[a^{t}ta] の「あっ」で舌を上につけた音
ㄱ	[^{k}]	舌先を下に置いたまま，舌の奥を口の天井（軟口蓋）にしっかりつけて止める音．唇は閉じない 「あっか」[a^{k}ka] の「あっ」の舌の形
ㄹ	[l]	舌先を上の歯茎よりさらに奥にしっかりつけたまま，止める音．息は舌の両側を通る

밥	[pa^p][パプ]	ごはん
곧	[ko^t][コッ]	すぐ
책	[tʃ^{h}ɛ^k][チェク]	〈冊〉本
말	[mal][マル]	ことば
케이팝	[k^{h}eip^{h}a^p][ケイパプ]	K-POP（ケーポップ）

最後が［ポ・ッ・プ］という3拍ではなく，［パプ］という1拍，1音節になることに注意

압

[a^{p}][アプ]

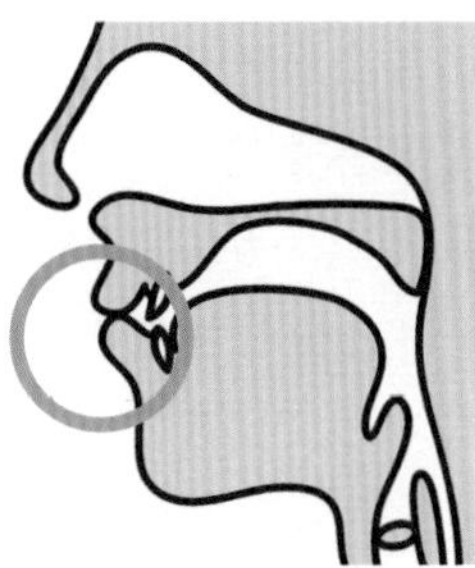

唇をしっかり
結んで
終わります

[a^{t}][アッ]

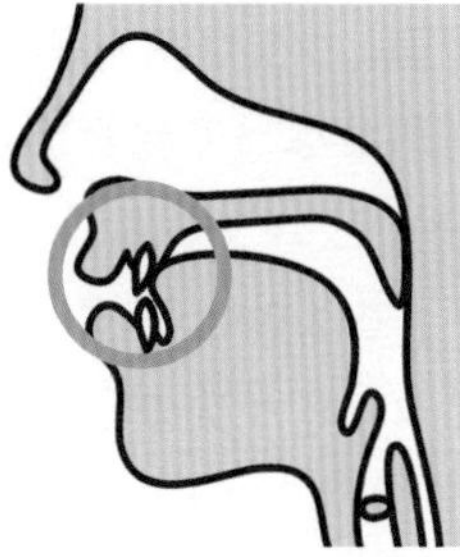

舌先をしっかり
上の歯と歯茎に
つけます

악

[a^{k}][アク]

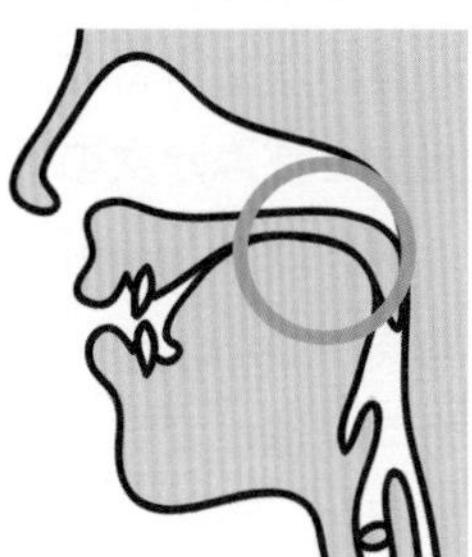

舌は [ŋ] とほぼ
同じ形で軟口蓋に
つけます

알

[al][アル]

舌先を反り舌で，つまり舌を上に
反らしてつける話者もいます →

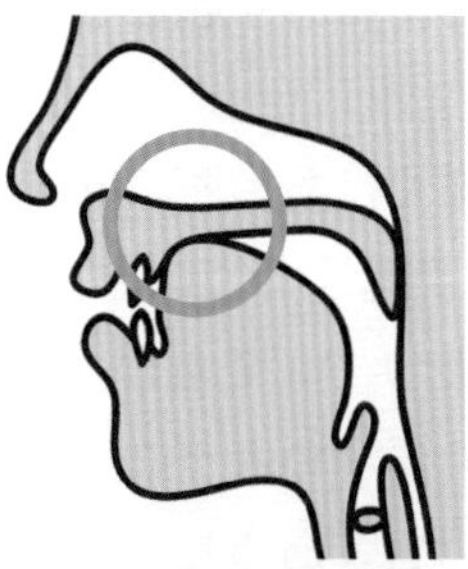

舌先をしっかり
天井（硬口蓋）に
つけます

5.4 終声また初声となる=終声の初声化

韓国語の音の決定的な特徴に**〈終声の初声化〉**という現象があります．終声の次に母音で始まる音節，つまり初声子音がない音節が結合すると，当該の**終声が次の音節の初声となって発音される**という鉄則です．

例えば밤 [pam][パム]（夜）という単語に，- 이 [i][イ]（…が）という助詞がつくと，[pam i][パムイ] ではなく，必ず [pami][パミ] と発音されます．音節構造が変容し，終声のㅁ [m] が次の音節の初声になっています：

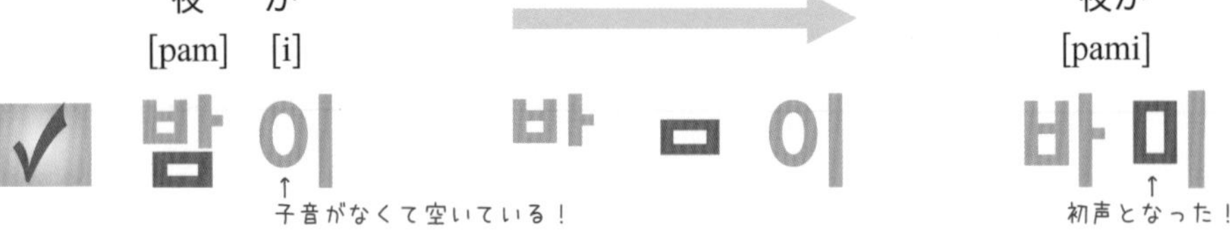

ただしこの**〈終声の初声化〉は，発音でのみ起こり，文字には現れません**．文字では常に**밤이**のままです．**〈終声の初声化〉は音の世界での出来事**なのです．音の世界では必ず起こるのに，光の世界＝文字の世界では表しません．

教室などでは「**밤이**と書くけれども，**바미**と読む」とよく言われますが，実は全く逆で「**바미**と発音するものを，**밤이**と書く」のです．なぜ？**밤**と書いておけば，見ただけで，それが「夜」という意味の単語だと，**視覚的に一瞬で──まるで漢字のように一瞬で──解る**からです．「夜」という単語が，あるときは**밤**，あるときは**바ㅁ**などと視覚的に変化したのでは，不便ですよね．これもハングルの工夫なのです．

なお，15 世紀には上のように，発音通り書く表記も用いられていました．つまり [pam] ＋ [i] を皆が [pami] と発音する，それを〈바미〉と書くか，〈밤이〉と書くかという選択が可能なわけです．それが今日のように〈밤이〉と書く表記法に定まったのです．音と文字をめぐる，感動的な歴史です．

5.5 終声の初声化でも平音は濁って有声音化する

32 頁で見たように，**거기**（そこ）のような場合には，[kɔki][コキ] ではなく，[kɔgi][コギ] と濁って発音されます．平音は語中の有声音間で挟まると，有声音化するのでした．平音のこの有声音化は**〈終声の初声化〉**の場合にも起こります：

例えば밥 [paᵖ][パㇷ゚]（ごはん）という単語に，- 이 [i][イ]（…が）という助詞がつくと，[paᵖ i][パㇷ゚イ] ではなく，さらに [papi][パピ] でもなく，さらに有声音化を起こし，濁って [pabi][パビ] と発音されます：

밥이 [pabi][パビ]　ごはんが

上の - **이**は子音で終わる単語につく，〈…が〉の意の助詞です．母音で終わる単語には，35 頁で見た助詞 - **가**を用います：

〈…が〉[助詞]			
- 가	[ga]	母音で終わる単語に	취미가 趣味が．오빠가 お兄さんが
- 이	[i]	子音で終わる単語に	밤이 夜が．밥이 ごはんが

＊뭐（何），어디（どこ）などの疑問詞と共に用いると，〈…は〉の意味になります．

① **거기 뭐가 있어요?**

[kɔgi mwɔga iˀsɔjɔ][コギ ムォガ イッソヨ]

있어요 ありま す(か)．終声の初声化で [이써요][イッソヨ] と発音．

② **한국어 책이 있어요.**

[hangugɔ tʃʰɛgi iˀsɔjɔ][ハングゴ チェギ イッソヨ]

한국어 [hangugɔ]〈韓國語〉**韓国語**．**책** [tʃʰɛᵏ][チェㇰ]〈冊〉**本**．

책＋이は終声の初声化と有声音化で [tʃʰɛgi][チェギ]

① **そこに何がありますか？** ② **韓国語の本があります．**

5.6 終声字母はいろいろ，終声の発音は 7 種のみ

54 頁で見たように，**終声に立ちうる音**は，[m][n][ŋ][p][t][k][l] の 7 種類だけです．ところが，**文字**においては終声字母に，있とか꽃とか앞などのように，これら 7 種以外の字母が書かれる単語があります．それらも発音上は全て 7 種のいずれかの音に還元されて発音されます．これを**終声規則**と呼びます：

文字のレベル		音のレベル
書かれる終声字母		実際の発音
ㅂ	ㅍ	[p]
ㄷ	ㅌ ㅅ ㅆ ㅈ ㅊ ㅎ	[t]
ㄱ	ㅋ ㄲ	[k]

＊ p の系列の終声字母は [p]，k の系列の終声字母は [k]，その他の終声字母は全て [t] となります．

앞	[aᵖ][アプ]	前
옷	[oᵗ][オッ]	服
꽃	[ˀkoᵗ][コッ]	花
밖	[paᵏ][パク]	外

終声字母ㅎは，次に母音が来ると，発音されません：

좋으세요？	[tʃoɯsejɔ][チョウセヨ]	およろしいですか
좋아요	[tʃoajɔ][チョアヨ]	良いです

5.7 つまる音 [^{p}][^{t}][^{k}] の次の平音は濃音化（のうおんか）する

つまる音，つまり口音の終声 [^{p}], [^{t}], [^{k}] の直後に，ㅂやㄷやㅅやㅈやㄱといった平音が来ると，それら平音は濁らず，それぞれㅃ，ㄸ，ㅆ，ㅉ，ㄲと，濃音に発音されます．これを**〈濃音化〉**と呼びます：

② 次の平音ㄱは濁らずに濃音化して [^{ʔ}k] となる！

〈學校〉学校

①つまる音＝口音の終声 [^{k}] だ！

上の例では [ハクギョ] ではなく，[학꾜][ha^{kʔ}kjo][ハクキョ] となります．

こうした**濃音化は，発音だけ**に起こり，文字には表しません．文字は학교のままです．

학생 [hak^{ʔ}sɛŋ][ハクセん] 〈學生〉学生

혹시 [hok^{ʔ}ʃi][ホクシ] 〈或是〉もしや．ひょっとして

국제 [ku^{kʔ}tʃe][ククチェ] 〈國際〉国際 [クッチェ] ではない

잡지 [tʃa^{pʔ}tʃi][チャプチ] 〈雜誌〉雑誌

濃音化は，終声字母ではなく，終声の発音に基づいて起こります：

꽃병 [^{ʔ}ko^{tʔ}pjɔŋ][コッピョん] 〈－瓶〉花瓶

꽃다발 [^{ʔ}ko^{tʔ}tabal][コッタバル] 花束

↑ 終声字母ㅊは左頁の終声規則で発音は [^{t}]

第6の扉

世宗，起つ

ハングルはこうして世界史に登場した

ここでハングルという文字がいかに世界史の中に登場したのかを，確認しておきましょう．

朝鮮語圏では古代から人々は中国語や日本語などとは異なった言語を話していました．古くは，日本と同様，朝鮮語圏には文字がありませんでした．紀元前 195 年頃には**衛氏朝鮮（위씨조선）**が建てられました．紀元前 108 年には漢が衛氏朝鮮を滅ぼし，楽浪郡などを置いたことが記録されています．中国語圏で誕生した漢字は，紀元前には既に朝鮮語圏でもその存在が知られていました．313 年には**高句麗（고구려）**が楽浪郡を滅ぼし，**高句麗，百済（백제），新羅（신라）**のいわゆる**三国時代（삼국시대）**を迎えます．414 年の記録，高句麗の**広開土王碑（광개토대왕비）**は漢文（**한문**）即ち古典中国語で書かれていました．

三国時代の漢文は，朝鮮語式に**〈訓読〉が行われた**ことが，様々な記録から解ります．日本語の漢文訓読のように，文を返って読む，返り読みなども行われました．朝鮮語式の漢文の読み方やそれに用いた記号類などを，**〈口訣〉（구결）**と呼んでいます．

史書などには漢字で朝鮮の地名などが書かれていました．やがて地名や人名だけでなく，一般の朝鮮語を漢字で表記することが，行われ始めます．ちょうど日本語圏の万葉仮名の原形のようなものです．漢字で朝鮮語を書く**〈吏読文〉（이두문）**と呼ばれる記録が高句麗には残っており，また新羅でも**〈郷歌〉（향가）**という韻文を漢字で記した**〈郷札〉（향찰）**と呼ばれる記法が用いられました．

918 年には**王建**（왕건）が**高麗**（고려）を建て，さらに 1392 年には**李成桂**（이성계）が**朝鮮**（조선）を建てます．朝鮮王朝はその後 500 年にわたって続きます．三国時代からの漢字で朝鮮語を表記する方法は，一般に広く伝わってはいませんでした．支配階級である**両班**（양반）のみが漢字，漢文を用いていました．つまり人々は皆，朝鮮語を話すのに，文字は一部の支配階級の人々だけが所有していたのです．**〈話されたことば〉は朝鮮語，〈書かれたことば〉は漢文＝古典中国語という，奇妙な 2 言語状態**が続いていたわけです．

朝鮮第 4 代の王，**世宗**（세종）は，民が文字を知らないことを嘆き，自ら文字を創製し，1446 年に公にしました．これが**〈訓民正音〉**（훈민정음）と呼ばれる文字です．略して**〈正音〉**（정음）とも呼ばれます．

ハングルという名称は，実は近代になってから，**周時経**（주시경）という学者が名づけたものです．

6.1 訓民正音革命派，集賢殿に集う

訓民正音を創製し，普及させるにあたって，世宗は**集賢殿**（**집현전**）という学問研究機関をいわば訓民正音創製の総司令部に据えました．この〈**訓民正音革命**〉の総司令官はもちろん**世宗**（1397-1450，在位1418-50）です．臣下との議論の記録では，「汝，韻書を知る乎」と批判しています．韻書とは漢字の音についての学問的な書物のことです．今日で言えば,言語学書ですね．「貴殿は音韻学をいったいどれほど知っているのだ？」と批判しているわけです．このように，言語や文字の見識には相当な自負を抱いていたことが，垣間見えます．世宗はいろいろな学問に関心を示していますが，世宗自身が 15 世紀には稀有なる言語学者でもあったと言えるでしょう．

世宗のもとで正音革命の中核を担った学者たちの名は，他ならぬ『訓民正音解例本』に記されています．1443 年に訓民正音は完成していますので，学者たちの官職名と 1443 年時点での年齢を見てみましょう：

鄭麟趾（정인지）集賢殿副提学，正三品．47 歳
崔恒　（최항）　応教，従四品．34 歳
朴彭年（박팽년）副校理，従五品．26 歳
申叔舟（신숙주）副校理，従五品．26 歳
成三問（성삼문）脩撰，正六品．25 歳
姜希顔（강희안）敦寧府・注簿，正六品．26 歳
李塏　（이개）　副脩撰，従六品．26 歳
李善老（이선로）副脩撰，従六品．年齢不詳

「正三品」などは位階です．正一品から従九品まであります．集賢殿の副提学，実質的なトップを務める**鄭麟趾**は，文官を選ぶ，文科という科挙の試験に 18 歳で**壮元**（**장원**），即ち首席合格したほどの大秀才です．

科挙（과거）は新羅時代に中国から取り入れられ，朝鮮時代には官僚になるには必須の制度でした．鄭麟趾は後に，官僚の最高位である**領議政（영의정**（ヨン イ ジョン）**）**にまで上り詰めます．

申叔舟（シン・スクチュ）は朝鮮通信使の書状官として1443年に室町時代の日本を訪れ，**『海東諸国紀』**を著しています．日本と琉球の歴史などについて漢文で書かれた書物です．

姜希顔（カン・ヒアン）は詩書画に優れた芸術家でもあります．

年齢感覚は現代と異なるものの，鄭麟趾を別格としても，多くは皆若い,こうしたばりばりの秀才たちが正音革命派の中枢にあったのでした．

ちなみに，世宗はもちろん，鄭麟趾や成三問などもいろいろな俳優が演じて，歴史ドラマや映画に登場しています．領議政は**領相（영상**（ヨんさん）**）**とも呼ばれます．これは歴史ドラマ必須の単語でもあります．

昌徳宮の玉座
（著者撮影）

科挙の試験を受ける

6.2 王宮で訓民正音をめぐる知的論争が起こった

訓民正音は 1443 年には完成し，1446 年に『訓民正音解例本』と呼ばれる書物で，公にされます．では人々は歓びをもって正音を迎えたのでしょうか？ 違います．猛烈な反対に遭うのです．

正音革命に反対する中心は，両班（양반（ヤンバン））**という支配階級**の人々でした．なぜ？ **文字を独占している両班階級**は，朝鮮王朝の支配階級です．そしてそれら両班たちにとって，**文字とは漢字のことであり，文とは漢文のことだった**からです．生まれて名を与えられるのも，漢字によってであり，学び，文を認（したた）め，日々を記録し，あるいはまた天下国家を論じ，さらには王から死を賜る王命も，漢字漢文で書かれ，死して後，許されることさえ，漢字漢文で書かれた教旨（きょうし）（**교지**（キョジ））により勅命が下るのでした． 要するに，両班の世界とは，その生も死も，全てが漢字漢文で成り立っていたのです．儒学はもちろん，**書かれることば，ありとあらゆる〈知〉は，漢字漢文が全て**でした．例えば現在の日本でしたら，皆が日本語を話しているのに，経済的な余裕があって，ラテン語を学んで書ける，ごく一握りの人たちだけが，権力を握っているようなものです：

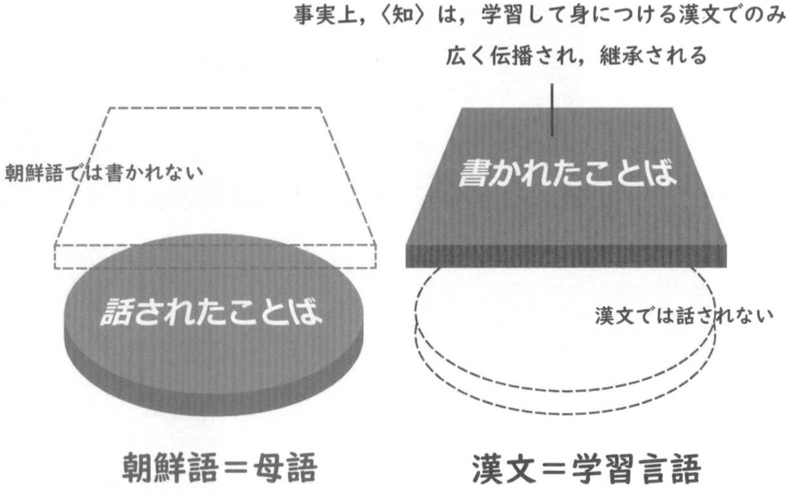
事実上，〈知〉は，学習して身につける漢文でのみ，
広く伝播され，継承される
朝鮮語では書かれない
書かれたことば
話されたことば
漢文では話されない
朝鮮語＝母語
漢文＝学習言語

漢字漢文による〈書かれたことば〉と〈知〉を独占している両班階級にとって，何だかわけの解らない文字をいきなり出され，これを使えなどと言われるのは，もうありえないことだったわけです．

王宮では大論争が起こります．訓民正音の反革命派の筆頭が，**崔萬理（최만리）**でした．世宗とほぼ同世代と思われる人物です．やはり集賢殿の副提学も務めたほどですから，ただの官僚ではありません．ドラマなどではいわば悪者の首領のように描かれることが多いのですが，実は相当な知識人です．朝鮮八道の 1 つ，江原道の道知事にあたる江原道観察使も務めています．その崔萬理が中心となって，世宗大王に**上疏文（상소문）**を提出します．上疏文では，なぜ正音は許されないのかを，政治的な観点，国際的な観点，歴史的な観点，そして注目すべきことに，言語学的な観点，知という観点からも滔々と述べています．さらに驚くべきことに，こうした上疏文と，それに対して世宗が述べたことが，**正史『朝鮮王朝実録』(조선왕조실록)**に克明に記録されているのです．

世界の王朝史にあって，文字をめぐる言語学的な知的討論が克明に記録されていること自体が，稀有なことです．私たちはこうした記録によって，**人の世に文字が生まれるとはどういうことか，人は文字をめぐって何を思い，何を考え，いかに生きるのか，さらに進んで，人間にとって文字とは何かという，壮大な問い**を共にすることができるのです．

『朝鮮王朝実録』は太祖（1392 年）から哲宗（1863 年）まで **25 代，472 年間を漢文により編年体で**記した，1893 巻，888 冊に上る膨大な書物群です．ユネスコの〈世界の記憶〉に登録されています．王ごとに『世宗大王実録』のように書名が記されています．なお，さらに大韓帝国時代の『高宗実録』（1863–1907 年）と『純宗実録』（1907–10 年）が作られていて，合わせると，519 年間分となりますが，これらは日本の朝鮮総督府の影響下で作られたので，韓国では通常，『朝鮮王朝実録』とは別の扱いをしています．

6.3 漢字漢文原理主義＝正音反革命派，怒（いか）る

正音革命に反対した反革命派の主張は，端的に〈**漢字漢文原理主義**〉だと言うことができます．いろいろなことを述べていますが，ぐっと凝縮して言うと，次の 3 点です：

① 一（いつ）に華制に遵（したが）うべきである
② 用音合字という仕組みなど，文字ではない
③ 人々が漢字漢文を学ばず，知が崩壊する

①の〈**華制**〉とは中華の制度，文物，伝統のことです．「我が朝，祖宗以来，至誠にして大なるに事（つか）え一に華制に遵う」と述べています．朝鮮王朝の先祖代々，誠を尽くして，大なるもの，即ち大中華に事え，中華の制度に従ってきたのだ．「同文同軌（どうぶんどうき）」つまり漢字の形や度量衡や制度まで同じゅうすべきこのときに，自己流の文字を創るなど，何を考えているのだ，というわけです．朝鮮は，中国，当時は明ですが，その影響下にずっとあったのでした．中国の周辺で漢字以外の文字を使っているのは，「夷狄（いてき）」のみだとまで言っています．中国に知れたら，大変なことになるとも．こうした主張を中国にこびへつらう**事大主義**だと，近現代の朝鮮語学者たちは猛烈に批判したので，韓国の一般の人々の間でもそのようなイメージができあがっていました．一昔前のドラマなどでは崔萬理はこうした悪役でした．

①に隠れて，忘れられがちだったのですが，②は注目すべきです．〈**用音合字**〉つまり〈**音を用いて字を合わす**〉，〈**音を用いて字を構成する**〉と，ハングルの仕組み，ハングルのシステムを漢字のわずか四文字で崔萬理たちはみごとに言い表しています．このあたりも，崔萬理たちがただならぬ知識人である所以（ゆえん）です．また実は，訓民正音は〈至って神妙たり〉，〈非常によくはできている〉といった趣旨のことも，述べているのです．でもだめだと．なぜなら，およそ文字とは，漢字のことだからです．

1文字1文字が意味を担っていて…といったいわゆる表意文字の本質と比べると，訓民正音はいかにも文字らしくないわけです．上疏文での殺し文句はこれです．**〈用音合字，尽く古に反す〉**──こう断言しています．だいたい音に依拠して，文字を組み立てていくなど，古今東西，見たことも，聴いたこともない，というわけです．訓民正音に接したときの，崔萬理たち両班の驚きが解りますね．

③は，こんな簡単な文字では，人々が真の文字たる漢字を学ばなくなってしまう．正音しか知らなくても，誰でも官職を極めることができてしまうではないか，と怒っているのです．教育や学習，そして知的生活について問題にしています．ちなみに，漢字をほとんど使わなくなった現代は，そうなっています．15世紀にして，ハングルの底力を見抜いていたとも言えます．上疏文では最初に訓民正音を一定に褒めながら**〈物を創り智を運ぶ〉**とも形容していますが，文字が訓民正音になると，現代風に言うなら，そうした〈知が崩壊する〉と恐怖しているのです．

①は政治的，国際関係論的な観点から，②は言語学的，文字論的な観点から，③は知のありようという観点から，将来の知的世界についての観点からの訓民正音批判だと言えます．単なる事大主義的な嫌悪からではないわけです．

実はもっと深く，かつ面白くあれこれ述べているのですが，このくらいにしておきましょう．次に急ぎ私たちが見るべきはこれです──こうした漢字漢文原理主義の思想に対して，では世宗は何と言ったのか？世宗の思想の核心は何だったのか？

6.4 世宗，大いに諭す

崔萬理ら反革命派は，①華制論，②用音合字論，③漢字学習論などの観点から訓民正音革命に反対したのでした．「上(しょう)，疏(そ)を覧(み)て，萬理等に謂(い)いて曰く」，即ち，王が上疏文を見て，崔萬理たちに言うには──『朝鮮王朝実録』がこう鮮明に記録しています．上疏文に対して，**世宗は何と何よりもまず，〈用音合字〉という文字の原理を問題にした**のです．王宮は，非常に知的な，**文字論的，言語学的論争**の場となりました．

初声だの終声だのという，訓民正音のようなシステムの文字は，さすがの知識人たちも初めて目にするものでした．知識人たちにとって，文字とは漢字のことだったからです．知識人たちはそうした原理そのものに恐怖したわけです．漢字とはありとあらゆる知の根幹でしたから．初声，中声，終声を合わして文字に造るなど，驚天動地の世界だったのです．実はこのときの訓民正音は，さらに**音の高低アクセント**まで表すシステムでした．高低アクセントとは，例えば日本語の東京方言のように，音の高低で単語の意味を区別するシステムを言います：

はしが	はしが	はしが
（箸が）	（橋が）	（端が）

15 世紀の朝鮮語にもこうしたシステムが存在したのです．高い音節には文字の左に 1 つの点を付し，1 音節の中で低高と上がる音節には 2 点を付しました．低い音節には点を付しません．即ち無点を付すという考え方です．傍(かたわ)らに付すので，今日では**〈傍点(ぼうてん)〉**と呼ばれています．

試しに上の日本語に，高い音節の前に 1 点を付し，低い音節の前には無点を付してみましょう．15 世紀には韓国語も縦書きなので，ちょっと感じは違いますが，高低をつけて読めることが，お解りでしょう：

・はしが　　**は・しが**　　**は・し・が**

訓民正音はこうして15世紀朝鮮語の高低アクセントまでも表しました．この訓民正音のシステムで書かれた〈**말**〉[mal]（ことば）という文字を見てみましょう：

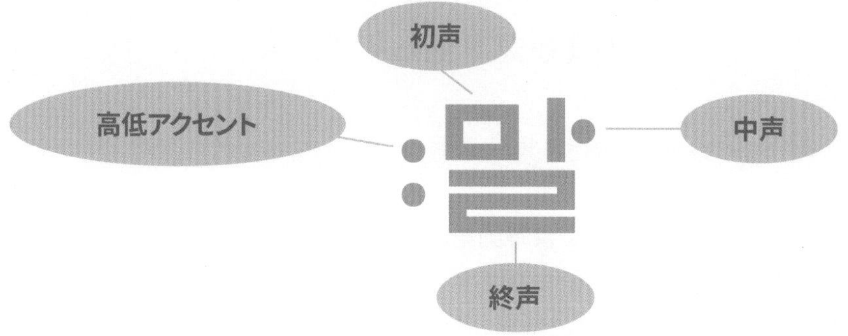

左に2つの〈傍点〉で音の高低アクセントを示し，右側の文字の本体は，既に見たように，〈初声子音＋中声母音＋終声子音〉を表しています．

つまり訓民正音とは，

① 音の世界で，1つの音節を
〈初声＋中声＋終声＋高低アクセント〉に分析し
② 文字の世界でそれら4つの要素それぞれに形を与え
③ 文字の世界でその4種を1つに総合する

という，世界文字史上でも画期的な，**〈四分法〉のシステム**だったのです．今日の人々は子どもの時からハングルに親しんでいますので，ハングルのような仕組みの文字はいわばごくあたりまえのものですね．それでも昔は音の高低まで表したということは，今日から見ても，なかなかの驚きです．ましてや，あらゆる思考が漢字漢文に基礎づけられていて，漢字しか意識にないような15世紀の両班支配階級の人々が，訓民正音のシステムに異を唱えたのも，無理からぬことでもあったでしょう．

朝鮮語の高低アクセントはやがて失われ，現在では傍点を用いる必要がなくなったので，書かれなくなりました．

第7の扉

かたことが全ての始まり

もう会話を愉しんでみよう

さあ，ここらでいよいよ韓国語の会話を楽しんでみましょう．かたことの表現こそ，全ての始まりです．実際に韓国語話者と出会ったときも，あるいは映画やドラマの世界，SNS などでのちょっとした動画などでも，たくさん出会えるような表現から学びます．

全て実際に口に出しましょう．ただ音読するのではなく，本を見ないで，実際に語りかけてください．**音読**はしばしば，文字を音に変換する作業になりがちです．さらには機械的な訓練に陥りやすいものです．**ただ音読するだけでは刺激に対する反応に過ぎません．**本書の表現を心に留めて，**何も見ないで，未だ見ぬ友に語りかけましょう．**

何も見ないで，ストーリーごと自分で語れるようにする

これが大事です．さらにそれをハングルで書ければ，凄(すご)い．そうしたことばは，皆さん自身の，本物のことばです．これはちょうど，歌を覚えて歌えるようにすることと，同じです．文字や文法，表現はびしーっと厳密に，そう，あたかも数学のように学び，話すときは音楽のように：

数学のように学び，音楽のように話す

くれぐれも音楽のように学び，数学のようにお話しなさらぬように．

7.1 初めての出会いのあいさつ：その 1

① **안녕하세요?**
② **― 네, 안녕하세요?**
③ **한국 분이세요?**
④ **― 아뇨, 일본 사람이에요.**

① **안녕하세요** [annjɔŋ(h)asejɔ][アンニョンアセヨ]〈安寧 -〉**こんにちは．お早うございます．今晩は．「お元気ですか」**の意→ 57 頁．応えも同じように繰り返せばよい．前に네をつけなくても使える．知人間でも同様に言えばよい

③ **한국 분** [hangu$^{k?}$pun][ハングクプン]〈韓國 - 〉**韓国の方．**尊敬語．非尊敬語は**한국 사람** [hanguk$^{?}$saram][ハングクサラム] で,「韓国の人」「韓国人」.

- **이세요** [isejɔ][イセヨ] **…でいらっしゃいますか**．尊敬形．非尊敬形は
- **이에요**「…ですか」．いずれも子音で終わる単語に用いる

④ **일본 사람** [ilbon($^{?}$)saram][イルボンサラム]〈日本 - 〉**日本人**

① [annjɔŋ(h)asejɔ][アンニョンアセヨ]
② [ne annjɔŋ(h)asejɔ][ネ アンニョンアセヨ]
③ [hangu$^{k?}$punisejɔ][ハングクプニセヨ]
④ [anjɔ ilbon($^{?}$)saramiɔejɔ] [アニョ イルボンサラミエヨ]

① こんにちは．
② （はい）こんにちは．
③ 韓国の方でいらっしゃいますか？
④ いいえ，日本人ですよ．

7.2 初めての出会いのあいさつ：その 2

① **안녕하십니까?**

② **— 네, 안녕하세요?**

③ **일본 분이세요?**

④ **— 아뇨, 재일 교포예요.**

① **안녕하십니까** [annjɔŋ(h)aʃimni^{ʔ}ka][アンニョんアシムニカ]〈安寧 - 〉**こんにちは．お早うございます．今晩は．「お元気ですか」**の意．해요体(→ 52 頁）の表現である안녕하세요に比べ，フォーマルで格式張った합니다体(→ 52 頁）のあいさつ．女性より男性がビジネスの場などで多用

③ **일본 분** [ilbon(^{ʔ})pun][イルボンプン]〈日本 - 〉**日本の方**．尊敬語．非尊敬語は**일본 사람** →前頁

④ **재일 교포** [tʃeilgjop^{h}o][チェイルギョポ]〈在日僑胞〉**在日韓国人**

- **예요** [ejɔ][エヨ] **…です**．非尊敬形．尊敬形は - **세요**で，いずれも母音で終わる単語に用いる

① [annjɔŋ(h)aʃimni^{ʔ}ka][アンニョんアシムニカ]
② [ne annjɔŋ(h)asejɔ][ネ アンニョんアセヨ]
③ [ilbon(^{ʔ})punisejɔ][イルボンプンニセヨ]
④ [anjɔ tʃeilgjop^{h}oejɔ] [アニョ チェイルギョポエヨ]

① こんにちは．
② (はい) こんにちは．
③ 日本の方でいらっしゃいますか？
④ いいえ，在日韓国人です．

7.3 場所を尋ねる：その1

① **저, 여기 은행 있어요?**
② **— 네, 저기 있어요.**
③ **아, 네. 감사합니다.**
④ **— 네.**

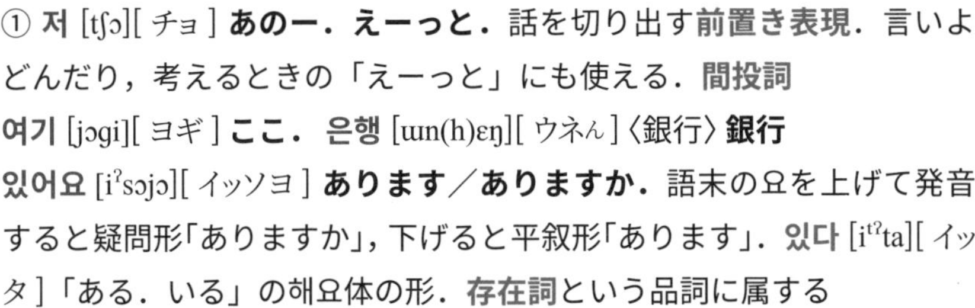

① **저** [tʃɔ][チョ] **あのー．えーっと．**話を切り出す**前置き表現**．言いよどんだり，考えるときの「えーっと」にも使える．**間投詞**
여기 [jɔgi][ヨギ] **ここ．** **은행** [ɯn(h)ɛŋ][ウネん]〈銀行〉**銀行**
있어요 [i^{ʔ}sɔjɔ][イッソヨ] **あります／ありますか．**語末の요を上げて発音すると疑問形「ありますか」，下げると平叙形「あります」．**있다** [i^{tʔ}ta][イッタ]「ある．いる」の해요体の形．**存在詞**という品詞に属する
② **저기** [tʃɔgi][チョギ] **あそこ．**遠くに見え，指させるような場に用いる
③ **감사합니다** [kamsa(h)amnida][カムサアムニダ]〈感謝 -〉**ありがとうございます．**「感謝します」の意．해요体の감사해요はカジュアル過ぎる

① [tʃɔ jɔgi ɯn(h)ɛŋ i^{ʔ}sɔjɔ][チョ ヨギ ウネん イッソヨ]
② [ne tʃɔgi i^{ʔ}sɔjɔ][ネ チョギ イッソヨ]
③ [a ne kamsa(h)amnida][ア ネ カムサアムニダ]
④ [ne] [ネ]

① あの，ここ，銀行ありますか？
② はい，あそこにありますよ．
③ あ，どうも（＝はい）．ありがとうございます．
④ いえ，いえ（＝はい）．

7.4 場所を尋ねる：その 2

① **저, 여기 은행 있어요?**

② **— 네, 은행은 일층에 있어요.**

③ **일층이요? 네. 감사합니다.**

④ **— 네.**

② **일층** [iltʃʰɯŋ][イルチュん]〈一層〉**1 階．** **-에** [e][エ] **…に．** 場所や時，存在の場所などに用いる**助詞**．**-은** [ɯn][ウン] **…は．** 主題を表す**助詞．** 子音で終わる単語につく．母音で終わる単語には **-는** [nɯn][ヌン] を用いる

③ **-이요** [ijɔ][イヨ] **…です／…ですか．** 単に「1 階？」と聞き返すと，失礼なので，ことばを丁寧にするためにつける**丁寧化のマーカー**．子音で終わる，独立した単語につく．母音で終わる単語や助詞の後ろでは，**-요**という形を用いる．**聞き返し**など，非常に多用する

④ **네** [ne][ネ] **はい．** ここでは네で相手の謝意を軽く受け流している

① [tʃɔ jɔgi ɯn(h)ɛŋ i[ʔ]sɔjɔ][チョ ヨギ ウネん イッソヨ]
② [ne ɯn(h)ɛŋɯn iltʃʰɯŋe i[ʔ]sɔjɔ][ネ ウネんウン イルチュんエ イッソヨ]
③ [iltʃʰɯŋijɔ ne kamsa(h)amnida][イルチュんイヨ ネ カムサアムニダ]
④ [ne] [ネ]

① あの，ここ，銀行ありますか？
② はい，1 階にあります．
③ 1 階ですか．どうも（＝はい）．ありがとうございます．
④ はい．

7.5 場所を尋ねる：その 3

① **여기 편의점이 어디 있어요?**
② **— 편의점이요? 이층에 있어요.**
③ **이층이요? 네. 감사합니다.**
④ **— 아니에요.**

① - **이** [i][イ] **…が**．主体を表す**助詞**．子音で終わる単語に．母音で終わる単語には，- **가** [ga][ガ]．助詞 - **가** /- **이**（…が）は，어디（どこ）など疑問詞と共に用いると，「コンビニは」のように「…は」の意を表す→ 61 頁．**편의점** [pʰjɔnidʒɔm][ピョニジョム]〈便宜店〉**コンビニ**
② - **이요** [ijɔ][イヨ] **…です／…ですか**．**丁寧化のマーカー**．「コンビニ？」と聞き返すと，失礼なので，- 요 /- 이요で丁寧にする．③の이층**이요？** も同様．**이층** [itʃʰɯŋ][イチュん]〈二層〉**2 階**
④ **아니에요** [aniejɔ][アニエヨ] **いいえ．違います**．**아니다**は**指定詞**という品詞に属する．「違う」の意．お礼やお詫(わ)びを言われて，返す際にもこれが使える

① [tʃɔ jɔgi pʰjɔnidʒɔmi ɔdi iˀsɔjɔ][ヨギ ピョニジョミ オディ イッソヨ]
② [pʰjɔnidʒɔmijɔ itʃʰɯŋe iˀsɔjɔ][ピョニジョミヨ イチュんエ イッソヨ]
③ [itʃʰɯŋijɔ ne kamsa(h)amnida][イチュんイヨ ネ カムサアムニダ]
④ [aniejɔ] [アニエヨ]

① ここ，コンビニはどこにありますか？
② コンビニですか．2 階にございます．
③ 2 階ですか．どうも（＝はい）．ありがとうございます．
④ いえ，いえ．

7.6 BTS の写真を見ながら，これだあれ？：その 1

① **이게 누구예요?**

② **— 지민이에요.**

③ **네? 이게 지민이에요?**

④ **— 네.**

① **이게** [ige][イゲ] **これが．** 이것（これ）＋이（…が）の短縮形．이것이は書きことば，이게は話しことば形．③の例も同じ

누구 [nugu][ヌグ] **誰．** 直訳すると，「これが誰ですか」．누구（誰）や뭐（何）など疑問詞と共に用いるときは，「これ**は**誰ですか」ではなく，通常はこの①の例のように「これ**が**誰ですか」と言う

② **지민** [tʃimin][チミン] **チミン．ジミン．** 人名．BTS のメンバー

-이에요 [iejɔ][イエヨ] **…です．** 指定詞の非尊敬形．尊敬形は **-이세요．** いずれも子音で終わる単語に用いる

③ **네?** [ne][ネ] **ええ？ 聞き返し．** 後ろを上げて短く発音する

① [ige nuguejɔ][イゲ ヌグエヨ]
② [tʃiminiejɔ][チミニエヨ]
③ [ne ige tʃiminiejɔ][ネ イゲ チミニエヨ]
④ [ne] [ネ]

① これは誰ですか？
② ジミンです．
③ え？ これがジミンですか？
④ はい．

7·7 BTS の写真を見ながら，これだあれ？：その 2

① **그럼, 이건 누구예요?**

② **— 그건 알엠이에요.**

③ **네? 알엠? 아르엠이요?**

④ **— 네, 네.**

① **그럼** [kɯrɔm][クロム] **じゃあ．では**

이건 [igɔn][イゴン] **これは．**이것（これ）＋은（…は）の短縮形．이것은は書きことば，이건は話しことば形．「これは誰，ではこれ**は？**」のように**他と対比**するときは，疑問詞があっても **-는 / 은**（…は）を用いる

② **그건** [kɯgɔn][クゴン] **それは．**그것（それ）＋은（…は）の短縮形

②③ **알엠** [arem][アレム] **RM**（アールエム）．BTS のメンバー．標準で定められた外来語表記法では**아르엠** [arɯem][アルエム] だが，알엠も多く用いられている．英語の R [ɑːr] のような長母音は通常短くなる

④ **네 , 네** [ne ne][ネネ] **はい（はい）．そうですとも**

① [kɯrɔm igɔn nuguejɔ][クロムイゴンヌグエヨ]
② [kɯgɔn aremiejɔ][クゴンアレミエヨ]
③ [ne arem arɯemijɔ][ネアレムアルエミヨ]
④ [ne ne] [ネネ]

① じゃあ，これは誰ですか？
② それは RM ですよ．
③ え？ アレム？ アールエムですか？
④ そうそう，そうです．

第8の扉

駆けよ，語彙の曠野(こうや)を

単語の仕組みを知ると，語彙が激増する

言語は，音と文字を知ったら，語彙と文法を学べばよいとされます．

ただやみくもに単語を学ぶのではなく，**語彙**，つまり**単語の彙(あつ)まり**ごとの性格を知ると，語彙力は劇的に向上します．

8.1 固有語，漢字語，外来語の 3 つの層からなる

日本語の語彙を見ると，次の **3 つの層から成り立っている**ことが解ります：

① 和語＝もともと日本語の世界に古くからあったとされる単語
② 漢語＝漢字を基礎にして造られた単語
③ 外来語＝英語などいわゆる外国語から入った単語

和語は「ひと」（人），「め」（目），「ひとつ，ふたつ，みっつ…」，「する」など，多くは言語の根幹をなすような基本的な単語が目立ちます．助詞なども基本的に和語からなっています．これらの他に，主に地名など固有名詞には，「サッポロ」「オタル」のようにアイヌ語から入った単語や，琉球語から入った沖縄の多くの地名などの単語があります．②の漢語には，例えば『論語』などに出てくる「父母」「朋友」「君子」「一，二，三…」のように，もともと中国語圏にあった単語があり，「哲学」「科学」「郵便」のような，日本語圏で造った，いわゆる和製漢語があります．③の外来

語には，16 世紀にポルトガル語から入ったとされる「パン」やロシア語からの「カンパ」「ウォツカ」，フランス語からの「アトリエ」「グルメ」などなど，たくさんあります．

そして実に面白いことに，韓国語の語彙も，日本語とちょうど同じように，次の 3 つの層から成り立っているのです：

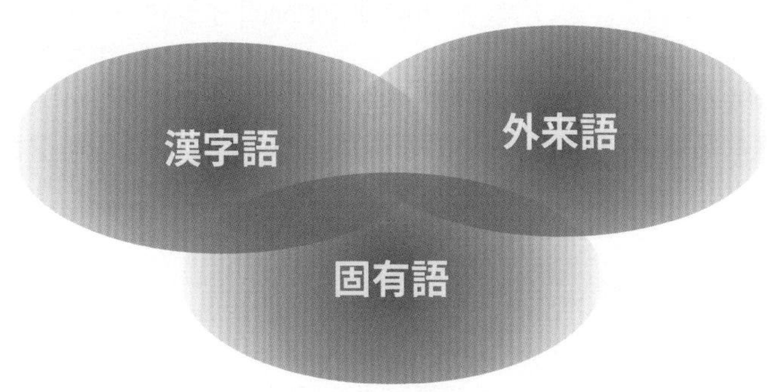

3 つが互いに交わっているのは，〈はや + 弁 + する〉〈自動＋リボ＋払い〉〈パン + や + さん + 経営〉のようなハイブリッドの〈**混種語**〉があるからです．そして上のような語彙の層の存在を知ることが，言語を知るためには，決定的な鍵となります．単語のでき方による語彙の分類なので，これを**〈語種〉**と呼びます．英語にもラテン語から入った単語や，大量のフランス語からの単語などがありますね．とりわけ大きな言語にはこうした**語彙の層＝語種**があります．

語種を知ることが，なぜ大事かと言うと，**語種によって単語の造りが全く異なる**からです．そもそも和語にあたる韓国語の固有語は，その音が日本語と全く似ていません．漢語にあたる漢字語は，もともとが中国語圏の漢字の発音をいわば DNA のように持っていますから，それが朝鮮語圏に入っても，日本語圏に入っても，当然似てきます．外来語が朝鮮語圏に入っても，日本語圏に入っても，音が似ているのは，当然ですね．ですから，漢字語と外来語は，日本語との音の対応関係を知れば，語彙を劇的に増やすことができるのです．知らずに学ぶのは，丸損です．

8.2 3つの語種の特徴を押さえる

具体的に3つの語種の例を見て，それらの特徴を探りましょう：

일 〈一〉 [il] 一
산 〈山〉 [san] 山
회사 〈會社〉 [hwesa] 会社
도서관 〈圖書館〉 [tosɔgwan] 図書館
고속도로 〈高速道路〉 [koso$^{k?}$toro] 高速道路

원 [wɔn] ワン *one*
인터넷 [int^{h}ɔne^{t}] インターネット *Internet*
택시 [t^{h}ɛk$^{?}$ʃi] タクシー *taxi*
케이팝 [k^{h}eip^{h}a^{p}] *K-POP*
팬 [p^{h}ɛn] ファン *fan*

漢字語　外来語
固有語

하나 [hana] ひとつ
사람 [saram] 人
눈 [nun] 目
아주 [adʒu] とても
좋다 [tʃot^{h}a] 良い
하다 [hada] する

まず先に文字表記上の特徴を見ると，漢字語だけがハングルでも漢字でも書けるという点が際立ちます．要するに**漢字語とは漢字でも書ける単語**のことです．日本語では「山（やま）」「一（ひと）つ」など，和語＝固有語を漢字で書きますね．「山」を「山（やま）」と読む，**訓読み**と呼ばれるこの仕組みは，他言語圏から入ってきた漢字に，もともとあった固有語の音を貼り付ける，非常に面白い技法なのですが，古代に試みられたそうした伝統が，朝鮮語圏では絶えてしまい，訓読みはしません→ 64-65 頁．

ところで，漢字語に산［サン］という単語があるのは驚きです．「山」のような，いわば超基本単語が，固有語ではなく，何と外からやってきた漢字語に取って代わられています．韓国語にも「山」の意の뫼[moi]~[mø]という固有語が存在したのですが，漢字語に押されてしまい，今では古語や合成語の造語成分としてしか残っていません．

日本の植民地支配もあって，철학〈哲學〉[tʃ^{h}ɔr(h)a^{k}]［チョラㇰ］（哲学）のような日本語からの和製漢語もたくさん流入しています．

なお，漢字で表記する場合には，日本で造った略字ではなく，〈哲學〉〈會社〉のように，伝統的ないわゆる正字の字体を用います．

音と漢字，ハングルの表記において，文字数において日本語との決定的な違いがあります．それはこういう点です：

ハングルも漢字も 1 文字は 1 音節なので，
漢字を交えて書いても，ハングルだけで書いても，
文字の数は変わらない

漢字を用いた日本語での表記とも比べてみましょう．日本語の漢字の音＝漢字音は 1 音節とは限らないので，仮名だけで書くと，文字数が増えてしまいます．これで解るように，日本語で「わたし」のような固有語まで漢字で書くのは，文字数を減らす，驚くべき離れ業なのです：

제 취미는 음악 감상이에요.
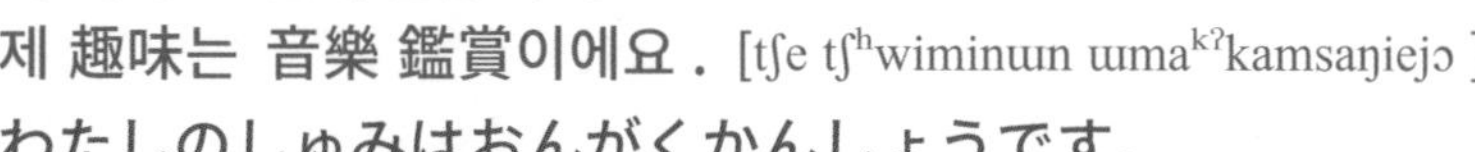
제 趣味는 音樂 鑑賞이에요. [tʃe tʃ^{h}wiminɯn ɯma^{kʔ}kamsaŋiejɔ]

わたしのしゅみはおんがくかんしょうです.
私の趣味は音楽鑑賞です.

面白いですね！ 朝鮮語ではハングルは漢字とも非常に親和性が高いことが解ります．漢字を用いても，〈音樂이에요〉（ウマギエヨ）のように，**終声の初声化（→ 60 頁）は，漢字とハングルをまたいでも，厳密に起こります．**

8.3 固有語は韓国語の核をなす

日本語では「する」「行く」「食べる」など基本的な動詞，「人」「お母さん」「目」「心」など基本的な名詞が和語，即ち固有語ですね．前述のように，これらを漢字で表記するのは，外来の漢字を日本語圏で巧みに利用した，いわば宛字です．**表記は漢字でも，単語は固有語**なわけです．

日本語と同様に，韓国語の単語の中でも，ごく**基本的で重要な単語は，固有語**からなっています．もちろん実際の言語生活でほとんど出会わないような固有語もたくさんあります．しかし使用頻度の非常に高い，極めて基本的な単語は，真っ先に把握しておかねばなりません．

この際に大事なことは，実際に使われる形で，その単語を覚えることです．例えば英語でしたら動詞の be という形を覚えても，初学者にはあまり使い道がないのに対し，この be という単語の変化形である am，are，is などという形を知らないと，英語は使い物になりません．韓国語でも同様です：

使用頻度の高い単語を，使用頻度の高い形で真っ先に覚える

これがあらゆる非母語の単語学習の鉄則です．

では韓国語では単語の形はどのような点に注目せねばならないでしょうか．名詞そのものは変化せず，助詞がついて形が変わるだけなので，**終声の初声化**（→ 60 頁）など，発音に気をつければすみます．**動詞や形容詞は用言と呼ばれ，形が大きく変化**します．**用言の形の現れを分かつ軸は，〈話しことば〉か〈書きことば〉か（→ 51 頁）と，〈丁寧〉か〈ぞんざい〉か（→ 52 頁）という，文体による変化**です．皆さんが韓国語を学ぶにあたっては，その目的によって対象を定めることになります．会話をまず学びたいというなら，〈話しことば〉，それも通常は〈丁寧〉な**해요**（ヘヨ）**体**や**합니다**（ハムニダ）**体**を学ぶ必要があります．ドラマを字幕なしで聴き取るためには，さらに〈ぞんざい〉な**해**（ヘ）**体**が必須でしょう．

他方，本を読んだり，インターネットの記事を読んだりするには，〈書きことば〉の形が必須です．〈書きことば〉の文体は**한다체**（ハンダ）と呼ばれます．

〈書かれたことば〉では，〈話すように書く〉ときだけ，〈話しことば〉の합니다体や해요体，해体の文体を持ってきて使います．これは日本語で，「彼女は一郎の母である」などといった〈書きことば〉の文体の代わりに，「あの人は一郎君のお母さんです」「あの人，一郎くんのママだよ」などのように〈話しことば〉の文体を持ってきて書くのと，同様です．

いくつかの基本的な用言で，4つの文体の形を比べてみましょう：

話しことば			書きことば
합니다体	해요体	해体	한다体
합니다 [ハムニダ] します	해요 [ヘヨ] します	해 [ヘ] する	한다 [ハンダ] する
있습니다 [イッスムニダ] あります	있어요 [イッソヨ] あります	있어 [イッソ] ある	있다 [イッタ] ある
됩니다 [トェムニダ] なります	돼요 [トェヨ] なります	돼 [トェ] なる	된다 [トェンダ] なる
갑니다 [カムニダ] 行きます	가요 [カヨ] 行きます	가 [カ] いく	간다 [カンダ] 行く
좋습니다 [チョスムニダ] 良いです	좋아요 [チョアヨ] 良いです	좋아 [チョア] いい	좋다 [チョタ] 良い

第9の扉

文法は原理こそ知れ

アイテムではなく，システムを

音と文字と語彙，そしていよいよ文法です．

文法への向き合い方で，言語学習の根幹が変わります．「する」「した」「しました」「しなければならない」「するかもしれません」…こうした文法的な形を１つ１つ項目化＝アイテム化して教えるスタイルが現在の言語教育の主流です．学習書や学習動画も同様です．でもそれは大海の水をざるで掬（すく）うようなものです．全体像が見えないので，展望が見えません．

そもそも文法とは？ **文法とは，言語に内在する，形と意味の体系**のことです．**形と意味と機能の体系**と言ってもよいでしょう．要するに**システム**なのです．言語を学ぶには，**体系＝システムを獲得する**のが，何よりも実践的で，最速の王道です．せっかくシステムとなっているのに，アイテムにばらしては，丸損です．原理を獲得し，1を聞いて，100，1000，さらには万を知る，これです．文法を特定の観点から言語化して記述したものを，**文法論**と言います．「学校文法」とか「教育文法」などのように，文法論は目的意識的に造られます．「文法なんか大嫌い」となるのは，概ね文法ではなく，その方の接した文法論のせいです．

9.1 文法論は形態論と統辞論が 2 大観点だ

言語を形にする基本は，単語に依拠します．「食べましたか？」はこの全体で意味を十全に想起できますね？ ああ，こういうことかなと，ことばに向かう人が，意味を造形できるわけです．「食べ」だけとか「まし」とか「た」とか「か？」など部分では何だかはっきりしません．意味は単語ごとに十全に実現するわけです．日本語も韓国語も同様です．

単語の内部，形造りなどを見る文法論を，**形態論**と言います．単語の外部，他の単語とどう連なるかなどを見る文法論を，**統辞論**と言います．**形態論と統辞論が文法論の基礎をなします：**

時間軸に沿った
単語の外の配列などを見る

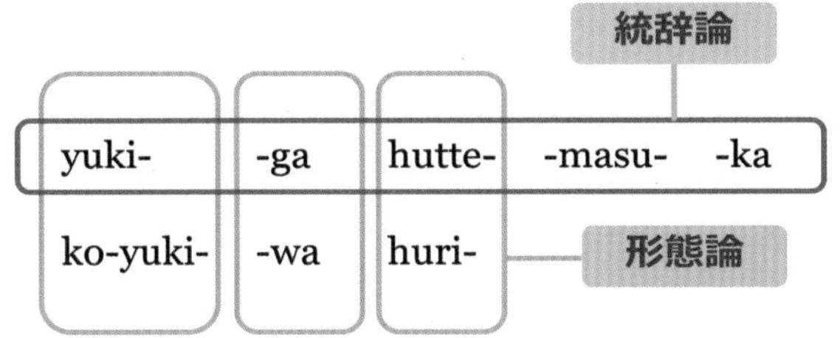

時間軸と並行した
単語間の選択や
単語の内の造りなどを見る

従って，言語を学ぶ際には，単に与えられた文を，1 行そのまま覚えるだけではなく，**統辞論的な観点から**その文の造りや配列を意識しながら，また**形態論的な観点**から他の単語や他の形ではどうなのかということを，常に意識しながら学ぶことが大切です．その際に文体という観点にも気を配りましょう．「降ってますか」を「降っていますか」とすると，文体的な色合いの違いが出てきますね． 前述のように，韓国語では**文体＝ことばのスタイルへの観点**は常に欠かせません．

9.2 秘伝 I：用言の活用は3つの形さえ押さえればよい

87 頁で見た，用言の文体ごとの形の違いだけでなく，それぞれの文体で「なさいます」など尊敬形だの「しました」など過去形だの，また「するかもしれない」「しなければならない」のような文法的な形があり，あるいはまた，「すると」「するから」「すれば」「するので」などといった，終止形ではない形もたくさんあります．それらが組み合わさった「なさったかもしれないから」とか「するはずがないということさえ」などのような複雑怪奇な形がいくらでも現れます．要するに，英語などとは違って，**韓国語も日本語と同じように，用言には膨大な形の変化形がある**のです．**形態論が大切**なのです．でも大丈夫．ほとんど無限にも見える**用言の形の変化は，それぞれの用言の 3 つの形を押さえれば，実は非常に簡単**なのです．どんなに複雑に見える変化形でも，**単語の本体は 3 つにしか形が変わらない**のです．例えば「ある」「いる」の意の있다 [i^{tʔ}ta] [イッタ] という単語の本体は：

있다（イッタ） ▶ 있（イッ） 있으（イッス） 있어（イッソ）

という 3 つの形にしか変化しません．これらの後ろに様々な要素がくっついて用言の形を造るのです．こうした 3 つの基本的な形を**語基**（ごき）と呼びます．韓国の大きな辞書の用言の項目には，例えば「있다」の項目なら，「있는」「있으니」「있어」などのように，3 つの語基に語尾をつけるなどの形で，提示する順序は異なっても，3 つの形が示されています．

こうした基本的な形＝語基を，それぞれ，第Ⅰ語基，第Ⅱ語基，第Ⅲ語基と呼び，Ⅰ，Ⅱ，Ⅲのようにローマ数字で簡潔に表します．

例えば「있죠（イッチョ）?」という形は「있다のⅠ-죠（チョ）?という形だ」つまり「있다の第Ⅰ語基プラス죠という形だ」のように言うことができます．この「Ⅰ-죠?」は話し手が思っていることを，聞き手に「ね，そうでしょう？」と確認する形，確認法の形です．「ある／いるでしょう？」の意です．

なるほど，確認法は「Ⅰ - 죠 ?」つまり「第Ⅰ語基に - 죠 ? をつける」ことで造れることが解りました．すると，他の全ての用言でこの確認法を一瞬で造ることができます．「하다」（する）だったら「하죠 ?」（するでしょう？），「가다」（行く）だったら「가죠 ?」（行くでしょう？），「좋다」（良い）なら「좋죠 ?」（良いでしょう？）という具合です．それぞれの用言の第Ⅰ語基に「- 죠 ?」をつけるだけですから，簡単ですね．どうですか，좋죠？（良いでしょう？）．

後は，3 つの語基はどう造るのかさえ解れば，用言の活用の基本的な原理を獲得することになります．実はここでも，知らないと，人生の貴重な時間を棒に振るような，決定的な秘密が隠れています．それは：

3 つの語基は辞書形から機械的に造ることができる

という，驚天動地の朗報です．え，どういうこと？ go-went-gone とかって覚える必要はないわけ？ 必要ありません．韓国語の用言では英語の不規則用言のようなものは，事実上，**하다**（する）と - **이다**（…である）の 2 単語だけです．その変化も冗談のように簡単です．

なお，語基で把握する文法論を**語基論**と言います．**韓国の学校文法では語基論ではない学校文法式**の考え方を用いています．なぜなら母語話者は形造りで困ることなどないからです．表記で一瞬迷うことなどがあっても，子どもでも用言の活用はできます．このことは日本語で考えれば解ります．日本語母語話者は活用で困りません．学校文法では「ない」がつくのが「未然形」などと習いますね．**非母語話者はそもそも「ない」がどの形につくかが，解らないのです．それを楽に知るのが，語基論**なのです．日本語圏の韓国語学習教材の相当な部分が韓国の学校文法式で説明していますが，残念ながら労多くして，非常につらいものがあります．皆さんが韓国語の学習書を選ぶ際には，**Ⅰ，Ⅱ，Ⅲといったローマ数字で説明している語基論の本を選ぶのが，圧倒的に有利**ですよ！

9.3 秘伝 2：3 つの語基の造り方が用言を制する

辞書に載る形を辞書形と呼びます．用言の辞書形は全て - 다という語尾で終わっています．- 다の前までが単語の本体です．

辞書形から **3 つの語基を造る方法**はこうです：

辞書形：本体＋語尾 - 다

있다（ある．いる）
보다（見る．会う）

第Ⅰ語基：辞書形から語尾 - 다を除く

있 -
보 -

第Ⅱ語基：第Ⅰ語基が子音で終わっていれば，後ろに平らな母音 - 으をつける．第Ⅰ語基が母音で終わっていれば，何もつけない

있으 - ← 子音で終わるので，- 으をつけた
보 -

第Ⅲ語基：第Ⅰ語基の最後の母音が，ㅗ もしくはㅏだったら，後ろに - 아という母音をつける．それ以外には全て - 어をつける

있어 -
보아 -（話しことばで速く発音すると，
봐 - [pwa][プァ]）

第Ⅲ語基では後ろに아か어の母音を選択することになります．ㅗ やㅏは明るい**陽母音**，それ以外は**陰母音**と呼ばれます．있 - のように陰母音で終わる単語は，後ろに陰母音の어を，보 - のように陽母音で終わる単語は，後ろに陽母音の아を要求するのです．これを**母音調和**と言います．

3つの語基の造り方を表にまとめてみましょう．辞書形が子音で終わる＝**子音語幹**か，それとも母音で終わる＝**母音語幹**かに注目します．**母音語幹なら，第Ⅰ語基と第Ⅱ語基は常に同じ**，辞書形から -다をとっただけですから，一目で解ります．第Ⅲ語基は，語幹の最後の母音に着目し，**陽母音だけ -아，それ以外は全て -어**をつけます．第Ⅲ語基で，보아 → 봐，줘어 → 줘となるのは，話しことばで多用される**短縮形**です：

		子音語幹		母音語幹	
辞書形	語尾 -다で終わる	받다	먹다	보다	주다
		受け取る	食べる	見る 会う	あげる くれる
第Ⅰ語基	辞書形から 語尾 -다を除く	받 -	먹 -	보 -	주 -
第Ⅱ語基	第Ⅰ語基が母音で終わっていれば， 何もつけない 常に第Ⅰ語基と同じ			보 -	주 -
	第Ⅰ語基が子音で終わっていれば， 後ろに平らな母音 -으をつける	받으 -	먹으 -		
第Ⅲ語基	第Ⅰ語基の最後の母音が，ㅗ もしくはㅏだったら， 後ろに -아という 陽母音をつける	받아 -		보아 - 봐 -	
	それ以外には全て 陰母音 -어をつける		먹어 -		주어 - 줘 -

＊表の音声は上から下に読んでいます

하다（する）は，第Ⅰ語基・第Ⅱ語基は하 -，第Ⅲ語基は해 -となります．

9.4 秘伝 3：語尾はその頭の音で第何語基につくか解る

辞書形が解り，語尾を選択すれば，もうどんな形でも造れます．

例えば，存在詞という品詞に属する，**있다**（ある．いる）という用言に語尾 - **면**（…ば）という語尾をつけて，「…すれば」という意の，条件を表す形を造って見ましょう．- **면**は第Ⅱ語基につき，Ⅱ - **면**と（…すれば）いう形になります．

있다の第Ⅱ語基は**있으** -，それに**면**がつくわけですから，**있으면** [iˀsɯmjɔn][イッスミョン] となります．これで「あれば」とか「いれば」という意味になります．

Ⅲ - **요**という形なら？ これは「…します」という意の，해요体の形です．後ろを上げて発音すれば，「…しますか」という疑問形になります．**있다**の第Ⅲ語基は，있の最後の母音を見ると，陰母音の **ㅣ** [イ] なので，「**ㅗ**か **ㅏ** 以外は全て」陰母音の - **어**をつけます．後ろに語尾 - 요をつけて**있어요** [iˀsɔjɔ][イッソヨ] となります．「あります」「います」の意です．

「ここにいる人」の「いる…」のような**連体形**も造れます．動詞や存在詞と呼ばれる用言は，Ⅰ - **는**という形で OK です．第Ⅰ語基**있** - [iᵗ][イッ] に - **는** [nɯn][ヌン] をつけるので，**있는** [innɯn][インヌン]．なお，ここでは口音の鼻音化いう発音が変化が起こりますが，造り方は簡単ですね．**「여기 있는 사람」**[ヨギ インヌン サラム]（ここにいる人）のように使えます．

Ⅱ - **ㄹ까요？**（…するでしょうか）などという形だって造れます．第Ⅱ語基**있으**の**으**の下に，語尾の頭音の**ㄹ**を潜り込ませて書けば，OK です：

있으 + ㄹ까요?

있을까요?

終声のㄹで始まる語尾は，
常に第Ⅱ語基につきますよ！

있을까요？ [iˀsɯlˀkajɔ][イッスルカヨ] **いるでしょうか？**

要するに，後ろにつく形を知って，用言の語基につければいいわけです．日本語でしたら，「…（すれ）ば」という語尾が「書く」という用言につくとき,「書け」という語基について「書け＋ば」となりますね.「書く＋ば」とか「書こ＋ば」とはつきません．つまり〈**全ての語尾は第何語基につくか，決まっている**〉のです．韓国語も同じです．では「語尾ごとにどの語基につくか，覚えないといけないの？」という問いが立ちます．ご安心を！ ここでまた秘伝です：

全ての語尾はどんな音で始まるかで，どの語基につくかが，解る

例えば左の－**면**（…すれば）という語尾は**ㅁ** [m] で始まっています．何と，**ㅁで始まる全ての語尾**は，皆，Ⅱ－**면**のように，第Ⅱ語基につくのです．Ⅱ－**ㅁ**（…すること）という，用言から名詞形を造る語尾や，Ⅱ－**며**（…し）という，書きことばで使われる語尾も同様です．左頁の下の図のように，**終声のㄹから始まる語尾**も，全て第Ⅱ語基につきます．Ⅱ－**ㄹ래요？**（…しますか：意向を尋ねる）や，Ⅱ－**ㄹ 거예요**（…するでしょう．…すると思います：推量）なども，**있으**－の下に終声字母**ㄹ**を潜り込ませて，**있을래요？**（いますか），**있을 거예요**（あると思います）と造れます．語尾の類はたくさんありますが，これはありがたい：

語尾の頭音は，そういくつも種類がない

だから，**語尾を 1 つ覚えれば，後は類推が利く**ので，語尾の形さえ把握すれば，よいわけです．

ここまで把握しておけば，用言の活用については，語基論で書かれた学習書であれば，もう悠然と進めます．なお「**変格活用**」とか「**変格用言**」とあっても，決して go-went-gone のように「不規則」なのではありません．3 つの語基を造る際に，パターンが少し変わるだけで，充分規則的です．皆さんのお役に立ちましたか？

9.5 秘伝 4：用言の変化の全体像を知る

体言は助詞がつくだけですから，学習上も文法的にはあまり困りません．では用言にはいったいどんな変化形があるのでしょうか．変化の全体像を見せてくれる学習書など，ほとんどありませんので，ここで密かに見ておきましょう．学習者はこれらの諸形を少しずつ学んでゆくわけです．これらにはさらに尊敬や過去を表す接尾辞もつきえます．ただし，形造りの原理は既に見た通りですので，ご安心を！

例えば，**하다**（する）という動詞を例に，機能別に変化の様相を見てみましょう：

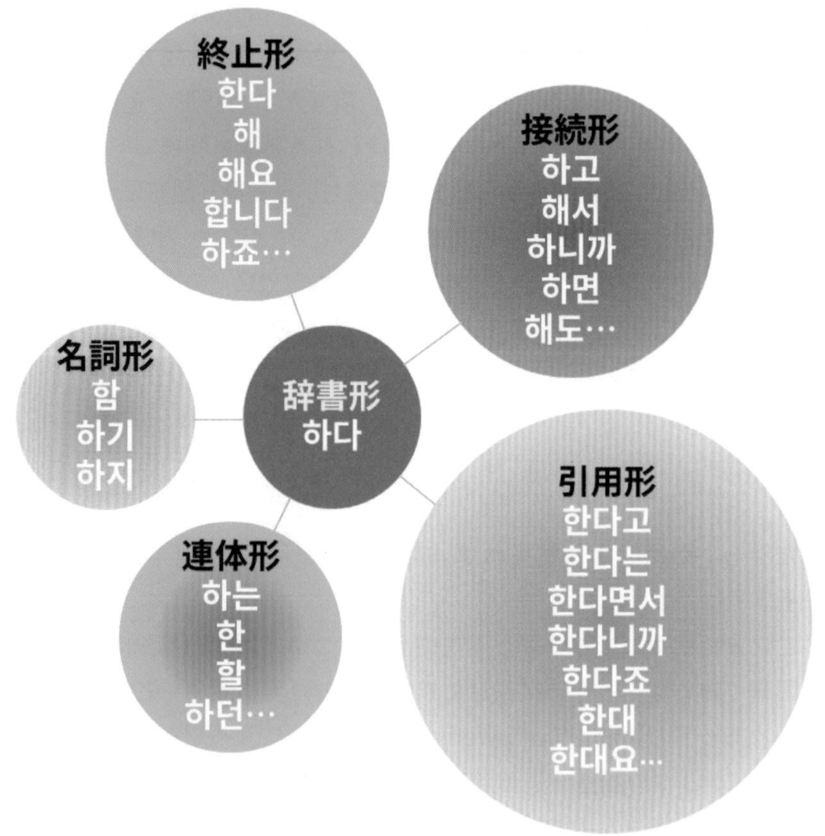

機能別に見た，左の諸形の代表的な形を，動詞の하다（する）と보다（見る．会う），存在詞の있다（ある．いる）で見て，今後の学習への勘を得ましょう：

辞書形　全て - 다で終わる，つまりⅠ - 다の形

● 하다 . 보다 . 있다

終止形　文を終わらせる形．形で〈丁寧〜ぞんざい〉を区別

● 한다（する）. 본다（見る）. 있다（ある）：**한다体の終止形**
　母音語幹の動詞はⅠ - **ㄴ다**，子音語幹の動詞はⅠ - **는다**.
　形容詞，存在詞，指定詞は한다体終止形と同形

● 해（する）. 봐（見る）. 있어（ある）：**해体＝반말の終止形**．Ⅲ

● 해요（します）. 봐요（見ます）. 있어요（あります）：**해요体の終止形**．Ⅲ - **요**

接続形　文を終えずに，つなぐ形．100 種弱

● 하고（して）. 보고（見て）. 있고（あるし）：ことがらの並列．Ⅰ - **고**

● 해서（して）. 봐서 / 보아서（見て）. 있어서（あるので）：動作の先行，原因など．Ⅲ - **서**

名詞形　「…すること」の意の名詞を造る．3 種のみ

● 함（すること）. 봄（見ること）. 있음（あること）：Ⅱ - **ㅁ**

● 하기（すること）. 보기（見ること）. 있기（あること）：Ⅰ - **기**

● 하지. 보지. 있지：否定の前に．Ⅰ - **지 (를) 않는다** / **않다**の形で用いる

連体形　体言を修飾する形．10 種以下

● 하는（する…）. 보는（見る…）. 있는（ある…）：現在連体形
　動詞，存在詞はⅠ - **는**，形容詞，指定詞はⅡ - **ㄴ**

● 한（した…）. 본（見た…）. 있은（あった…）：過去連体形．Ⅱ - **ㄴ**

● 할（するであろう…）. 볼（見るであろう…）. 있을（あるであろう…）：予期連体形．Ⅱ - **ㄹ**

引用形　「すると言う / するという…/ するというので / するということ」の「すると」などのような被引用部を造る．한다体終止形の後ろに終止形，連体形，接続形，名詞形の各語尾をつけるなどの組み合わせで，膨大な数がある．指定詞の引用形だけは - 이다を - 이라にして - 이라고のように造る

● 한다＋고＝한다고（すると）. 본다＋고＝본다고（見ると）. 있다＋고＝있다고（あると）. 책이다→책이라＋고（本だと）

● 한다＋죠（するんですってね）. 본다＋죠（見るんですってね）. 있다＋죠（あるんですってね）. 책이다→책이라→책이라＋죠（本なんですってね）

● 한대（するって）. 본대（見るって）. 있대（あるって）. 책이다→책이라→책이래（本だって）：引用形の반말．한다体終止形の第Ⅲ語基と考えればよい．文字の上では - 다に母音 ㅣを加え，- 대とするだけ

第10の扉

世界はハングルに満ちている

K-POP と K-drama のハングルの愉しみを知る

韓国語とハングルを学ぶと，K-POP や韓国ドラマ，韓国映画，韓国文学，歴史などをさらに愉しむことができます．ああ，あれはこう書くのかとか，ああ，あれはこう言っていたのか，などを知るだけでも，もう韓国語の世界に分け入っているわけです．

10.1 音楽の入り口単語を押さえる

K-POP をはじめ，韓国にもいろいろな音楽ジャンルがあります：

장르 [tʃaŋnɯ][チャんヌ] ジャンル

음악 [ɯma^k][ウマク]〈音樂〉音楽

가요 [kajo][カヨ]〈歌謡〉歌謡

동요 [toŋjo][トんヨ]〈童謡〉童謡

민요 [minjo][ミニョ]〈民謡〉民謡

트로트 [t^{h}ɯrot^{h}ɯ][トゥロトゥ] 演歌

재즈 [$^?$tʃɛdʒɯ][チェジュ] ジャズ．通常 [째즈] と発音

블루스 [pɯllusɯ][プルルス] ブルース

포크 음악 [p^{h}ok^{h}ɯ ɯma^k][ポクウマク]〈-音樂〉フォークソング

민중가요 [mindʒuŋgajo][ミンジュんガヨ]〈民衆歌謠〉民衆歌謡

힙합 [hip^{h}a^p][ヒッパプ] ヒップホップ

발라드 [palladɯ][パルラドゥ] バラード

댄스곡 [($^?$)tɛnsɯgo^k][テンスゴク] ダンス曲

록 [ro^k][ロク] ロック．しばしば **락** [ra^k][ラク] とも

하드 록 [hadɯro^k][ハドゥロク] ハードロック．**하드 락**とも

판소리 [p^{h}ansori][パンソリ] パンソリ

클래식 [k^{h}ɯllɛʃi^k][クルレシク] クラシック

케이팝 [k^{h}eip^{h}a^p][ケイパプ] K-POP

① 어떤 음악을 좋아하세요?
② ―케이팝을 좋아해요.

① **어떤** [kɯgɔ$^?$tɔn][オットン] **どんな．-을** [ɯl] **…を．**子音で終わる単語にのみつく．음악을は終声の初声化で [ɯmagɯl][ウマグル] と発音．母音で終わる単語には，-를 [ɯl] を用いる．**좋아하세요?** [tʃoa(h)asejɔ][チョアアセヨ] **他動詞．**（…を）**お好きですか．好まれますか．**前に来る助詞には，**-을 / 를（…を）を用いる．** II -**세요**は目上や大人相手に用いる尊敬形 ② **케이팝을**は終声の初声化で [k^{h}eip^{h}abɯl][ケイパブル] と発音

① どんな音楽がお好きですか（＝音楽を好まれますか）？
② K-POP が好きです（＝ K-POP を好みます）．

10.2 K-POP のグループ名をハングルで書く

K-POP のグループ名は日本語と対照すると面白いですよ．本書の激推しグループ名を，ハングルではどう書いて，どう発音されるか，見てみましょう．あっと驚くような，ことばの発見があるやもしれません：

에스파	[esp^{h}a]	[エスパ]	aespa
아스트로	[asɯt^{h}ɯro]	[アストゥロ]	ASTRO
에이티즈	[eit^{h}idʒɯ]	[エイティジュ]	ATEEZ
빅뱅	[pi^{kʔ}pɛŋ]	[ピクぺん]	BIGBANG
블랙핑크	[pɯllɛ^{k}p^{h}iŋk^{h}ɯ]	[プルレクピんク]	BLACKPINK
비티에스	[pit^{h}iesɯ]	[ピティエス] *	BTS
드림캐쳐	[tɯrimk^{h}ɛtʃ^{h}ɔ]	[トゥリムケチョ]	DREAMCATCHER
엔하이픈	[en(h)aip^{h}ɯn]	[エナイプン]	ENHYPEN
에버글로우	[ebɔgɯllou]	[エボグルロウ]	EVERGLOW
엑소	[ek^{ʔ}so]	[エクソ]	EXO
피프티피프티	[p^{h}ip^{h}ɯt^{h}ip^{h}ip^{h}ɯt^{h}i]	[ピプティピプティ]	FIFTY FIFTY
프로미스나인	[p^{h}ɯromisɯnain]	[プロミスナイン]	fromis_9
(여자)아이들	[jɔdʒaaidɯl]	[ヨジャアイドゥル]	(G)I-DLE
아이콘	[aik^{h}on]	[アイコン]	iKON
있지	[i^{tʔ}tʃi]	[イッチ]	ITZY
아이브	[aibɯ]	[アイブ]	IVE
카드	[k^{h}adɯ]	[カドゥ]	KARD

케플러	[k^{h}ep^{h}ɯllɔ]	[ケプルロ]	Kep1er
라필루스	[rap^{h}illusɯ]	[ラピルルス]	Lapillus
르세라핌	[rɯserap^{h}im]	[ルセラピム]	LE SSERAFIM
마마무	[mamamu]	[ママム]	MAMAMOO
몬스타엑스	[monsɯt^{h}aek^{ʔ}sɯ]	[モンスタエクス]	MONSTA X
엔시티 127	[enʃit^{h}i illitʃ^{h}il]	[エンシティ]＊	NCT 127
엔믹스	[enmik^{ʔ}sɯ]	[エンミクス]	NMIXX
원어스	[wɔnɔsɯ]	[ウォノス]	ONEUS
레드벨벳	[redɯbelbe^{t}]	[レドゥベルベッ]	Red Velvet
세븐틴	[(^{ʔ})sebɯnt^{h}in]	[セブンティン]	SEVENTEEN
샤이니	[ʃaini]	[シャイニ]	SHINee
소녀소대	[sonjɔʃidɛ]	[ソニョシデ]	少女時代＊
스트레이 키즈	[sɯt^{h}ɯireik^{h}idʒɯ]	[ストゥレイキジュ]	Stray Kids
슈퍼주니어	[ʃup^{h}ɔdʒuniɔ]	[シュポジュニオ]	SUPER JUNIOR
트레저	[t^{h}ɯredʒɔ]	[トゥレジョ]	TREASURE
트와이스	[t^{h}ɯwaisɯ]	[トゥワイス]	TWICE
우주소녀	[udʒusonjɔ]	[ウジュソニョ]	宇宙少女＊

●図のグリーン系は女性の，ブルー系は男性のグループです．グレーは混成のグループです．●「アチズ」「スキズ」などのように，日本語圏特有の名称もたくさんあります．＊〈**BTS**〉を [biːtiːes] と発音するなど，グループ名が英語式に発音されることも，しばしばあります．＊〈**BTS**〉には〈防弾少年団〉[paŋt^{h}ansonjɔndan][パんタンソニョンダン] の名も多用されています．＊〈**NCT127**〉の「127」は [illitʃ^{h}il][イルリチル] となります．**NCT DREAM** なら [tɯrim][トゥリム]．＊〈少女時代〉は SNSD，〈宇宙少女〉は WJSN とも書かれます．●上の他にも，**Billlie，CSR，LOONA（今月の少女），New Jeans，NiziU，PURPLE KISS，STAYC，TRI.BE，TXT，XG** など素晴らしいグループがたくさんあります！

10.3 K-POP 珠玉の名作にハングルで迫る

本書選定 K-POP の珠玉の名作ベスト 10 です——あ，12 個になっちゃった！ これだから K-POP はやめられません．ハングルで書かれたグループ名，もう読めます！ 英語の曲名をそのままハングルで表記してあります．ハングルから英語の曲名を想像してみましょう．答えは右頁で．「え，この英語をハングルではこう書くの!?」という驚きに満ちることでしょう．QR コードで YouTube の公式ミュージックビデオにとぶことができます．これを見ても，K-POP に心動かされないあなた——ぜひ，もう 1 回見て！ あ，このリストは順不同ですからっ！：

① 방탄소년단〈블러드 스웨트 앤 티어스〉
② 블랙핑크〈하우 유 라이크 댓〉
③ 세븐틴〈돈워너크라이〉
④ 에버글로우〈퍼스트〉
⑤ 트와이스〈크라이 포 미〉
⑥ 스트레이 키즈〈백 도어〉
⑦ 있지〈워너비〉
⑧ 마마무《킬링 보이스》
⑨ 에스파〈세비지〉
⑩ 라필루스〈힛 야!〉
⑪ 엔믹스〈오 오〉
⑫ 에이티즈〈데자부〉

① 防弾少年団（BTS）〈Blood Sweat & Tears〉 ② BLACKPINK〈How You Like That〉 ③ SEVENTEEN〈Don’t Wanna Cry〉．“Don’t Lie”を“돈’t Lie”などという面白い表記も ④ EVERGLOW〈FIRST〉 ⑤ TWICE〈CRY FOR ME〉．その Choreography 版 ⑥ Stray Kids〈Back Door〉 ⑦ ITZY〈WANNABE〉 ⑧ MAMAMOO“Killing Voice”は曲名ではなく，チャンネル名．数曲のダイジェストを「生歌」で歌っている ⑨ aespa〈Savage〉．その Camerawork Guide 版 ⑩ Lapillus〈HIT YA!〉힛 を発音すると [힏] [hi^{t}] なので，야と続けて発音すると，終声の初声化を起こして，[히댜][hidja][ヒディヤ] となる．歌でもこう発音している ⑪ NMIXX〈O.O〉 ⑫ ATEEZ〈Deja vu〉（フランス語で déjà vu [deʒa vy]）. 同じデジャブでも IVE の〈I AM〉の歌詞では“데자뷔”

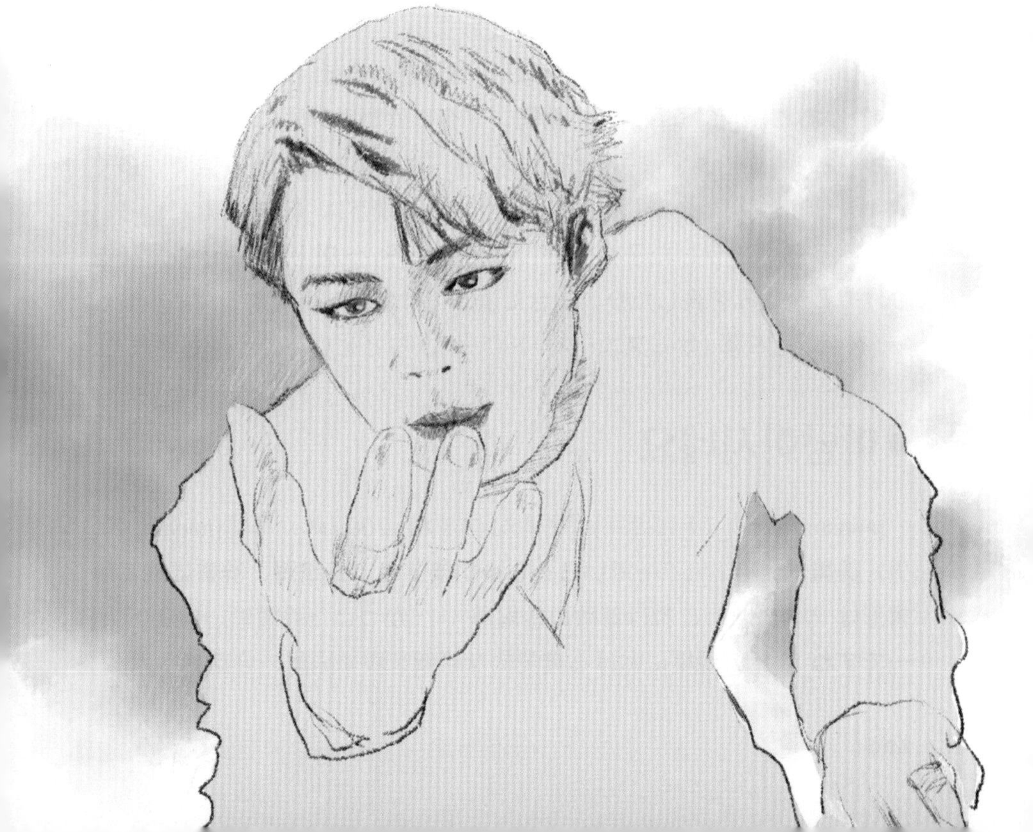

10.4 おお，あのドラマの原題はこうだったの！

もう K-drama，韓国ドラマにも迫れます．古典的な名作の原題を韓国語で見てみましょう．短い中にも文法的な含蓄あり！：

●겨울연가

[kjɔuljɔnga][キョウルヨンガ]『冬のソナタ』2002 年．日本の韓流ブームを作った．**겨울 冬**．**연가**〈戀歌〉**恋歌**．**봄** 春．**여름** 夏．**가을** 秋．

●내 이름은 김삼순

[nɛ irɯmɯn kimsamsun][ネ イルムン キムサムスン]『私の名前はキム・サムスン』2005 年．**내**は「私の」．不特定多数相手の文章や目下に「私の」の意で用いる**非謙譲形**．目上には使わない．目上には**謙譲形**の**제** [tʃe] を用いる．**이름** [irɯm] **名前**．**非尊敬形**．**尊敬形**に**성함** [sɔŋ(h)am]〈姓銜〉(お名前)がある．**-은** [ɯn] **…は**．**助詞**．子音で終わる単語につく．**김** [kim]〈金〉**金**．韓国語圏で最も人口の多い姓．姓は基本的に漢字語で，多くは 1 音節．**삼순** [samsun] **サムスン**．女性名．漢字は〈三順〉などいろいろ考えうる．こうした子音で終わる名にのみ，**-이** [i] という**接尾辞**をつけて，親しみを表したり，場合によっては蔑視を表現する．ヒットして，**삼순이 신드롬**（サムスニ・シンドローム）などということばも現れた．

●미남이시네요

[minamiʃinejɔ][ミナミシネヨ]『イケメンですね』2009 年．**미남** [minam]〈美男〉**美男**．**-이시네요** **…でいらっしゃいますね**．**指定詞**．辞書に載る辞書形は **-이다** [ida]．これは**尊敬の接尾辞 -시-**がついた**尊敬形**．**-네요** [nejɔ] **…ですね！** 話の現場における**発見的な感嘆**を表す語尾．会話で多用．

●응답하라 1997

[ɯŋdap^{h}ara ilgugutʃ^{h}il][ウんダパラ イルググチル]『応答せよ 1997』2012 年．**응답하라**〈應答〉**応答せよ**．終声の [^{p}][^{t}][^{k}] と初声のㅎ [h] がぶつかると，**激音化**を起こし，それぞれ [p^h][t^h][k^h] となる．これにより，**응답하라**は [ɯŋdap^{h}ara] と発音される．**하라** [hara][ハラ] は「せよ」のような格調の高い命令形．**해라** [hɛra][ヘラ] とすると，くだけた〈話しことば〉で目下に使う命令形「しろ」．韓国語はこうした**文体**（→ 52，87 頁）が極めて多様．上では 1997 は「いちきゅうきゅうなな」のように数字を 1 つずつ読んでいる．ハングルで書けば，**일구구칠**．年号は「せんきゅうひゃくきゅうじゅうしち」のようにも読むことができる．すると，**천구백 구십칠**．[tʃ^{h}ɔngubɛ^k kuʃi^{p}tʃ^{h}il]．これらは**漢字語の数詞**．**固有語の数詞**も別に存在し，使い分けている．漢字語数詞と固有語数詞の使い分けは，日本語でも「いちメートル」と言い，「ひとメートル」と言わないようなもの．「応答せよ」シリーズは 1988 や 1994 などもある．

●태양의 후예

[t^{h}ɛjaŋe huje][テヤんエ フイェ]『太陽の末裔』2016 年．**태양**〈太陽〉**太陽**．「太陽」は固有語では**해** [hɛ]（陽《ひ》）と言う．－**의** [e] **…の**．**助詞**．**〈A の B〉**は韓国語では基本的に**〈A B〉**と言い，ここでのように助詞－**의**を使う場合の方が，はるかに少ない．所有を表すこの助詞の，日本語の助詞「…の」との違いは，文法論的に未だはっきりと解明されていない．「うちの会社の社員の誕生日のパーティ」も「…の」なしで，「うち 会社 社員 誕生日 パーティ」にあたる名詞を〈우리 회사 직원 생일 파티〉と並べて，言える．原題『小さな王子』が『星の王子様』になったりと，日本語は「…の」がたくさん出現するので，驚きだ！「昨日の帽子の人」などは韓国語では－의でも言えないし，名詞を並べても，難しい．「にっぽんご，のの字，のの字の，おもてなし」といったところ．**후예**〈後裔〉**後裔**．

●상속자들

[saŋso^{kʔ}tʃadɯl][サんソクチャドゥル]『相続者たち』2013 年．財閥の御曹司たちの物語．**상속자**〈相續者〉**相続者**．**-들** …**たち**．**複数を明示する接尾辞**．人や動物だけでなく，ものやことにも使える．例えば，**케이팝 노래들** K-POP の歌（たち）．なお，この発音は口音の鼻音化を起こして，[k^{h}eip^{h}amnorɛdɯl][ケイパムノレドゥル]．**어머니들** お母さんたち．これは日本語の「たち」とは違い，「お母さんとお兄さんとお姉さん」などには使えず，例えばお母さんたちの集まりで「어머니」（お母さん）が複数いることを，明示する．英語の複数の接尾辞 -s などとは違って，複数であるからと，必須なわけではない．面白いことに，〈안녕히 가세요〉（さようなら．お元気でお帰りください）を〈안녕히들 가세요〉[annjɔŋ(h)i dɯl kasejo][アンニョんイドゥル カセヨ]（逐語訳：お元気で**たち**お帰りください）と言うと，語りかける相手が複数であることを，明示する．「あなたも，あなたも，そしてあなたも，お元気で」という感じが出るわけだ．

●미생

[misɛŋ][ミセん]『ミセン──未生』2014 年．サラリーマン群像．**미생**〈未生〉囲碁の用語．未だ生きても，死んでもいない石．つまり対戦相手に取られるのか，取られないのかが，未だ決まっていない，盤上の石のことで，登場人物たちを象徴．ネクタイの締め方も知らない主人公が，プロ棋士を断念して，大企業へ就職するところから，物語が始まる．**직장인** [tʃi^{kʔ}tʃaŋin][チクチャんイン]〈職業人〉(サラリーマン)の哀しみを描きつつ，応援する，このドラマも**미생 신드롬**(未生シンドローム)を巻き起こした．

原作は韓国から広まった，**웹툰** [we^{p}t^{h}un][ウェプトゥン]（webtoon．ウェブトゥーン）という形式のデジタルコミック．웹툰は웹 (web) と카툰 (cartoon．漫画) の合成語． 通常のデジタルコミックと違って，カラー

で，縦に読む．웹툰からは既にたくさんの韓国ドラマが作られている．웹툰は**스낵컬처** [sɯnɛ^{k}k^{h}ɔltʃ^{h}ɔ][スネクコルチョ]（snack culture．スナックカルチャー）あるいは**자투리 문화** [tʃat^{h}uri mun(h)wa][チャトゥリムヌァ]（端切れ文化）と呼ばれる消費トレンドの代表と言われる．いつでもどこでも，隙間時間などにも楽しめる文化のことだが，K-drama は既に重厚な存在感を放っている．

●사랑의 불시착

[saraŋe pul^{ʔ}ʃitʃ^{h}a^{k}][サラんエ プルシチャク]『愛の不時着』2019 年．財閥の相続者で，自身が会社を率いてもいる女性が，パラグライダーで朝鮮民主主義人民共和国へ不時着，彼女と出会った共和国の大尉とに芽生える愛．物語はいわば世界中に不時着しまくって，大ヒット．**불시착**〈不時着〉**不時着．** なお，英語題は Crash Landing on You で〈あなたへの不時着〉！

南北が係わる物語造りも映画やドラマではたくさん行われている．

●이상한 변호사 우영우

[isaŋ(h)an pjɔn(h)osa ujɔŋu][イサんアン ピョノサ ウヨんウ]『ウ・ヨンウ弁護士は天才肌』2022 年．天才肌の新人弁護士が活躍する法廷ドラマ．自閉スペクトラム症という主人公の設定は社会の注目を集めた．**이상한**〈異常 - 〉**変な．妙な．** 이상하다という形容詞の連体形．「異常」のような強い語感ではない．**변호사**〈辯護士〉**弁護士．** **우영우** 主人公の女性の名．劇中で「上から読んでも下から読んでも우영우」と紹介している．

弁護士のみならず，**검사**〈檢事〉（検事），**판사**〈判事〉（判事．裁判官）を主人公にしたドラマも多く，『キャリアを引く女』2016 年，『ハンムラビ法廷 初恋はツンデレ判事 !?』2019 年，『ハイエナ ―― 弁護士たちの生存ゲーム』2020 年，『秘密の森 ―― 深い闇の向こうに』2020 年，『未成年裁判』2022 年などをはじめ，豊富にある．

●더 글로리

[tɔgɯllori][トグルロリ]~[tɔ kɯllori][トクルロリ]『ザ・グローリー――輝かしき復讐』2022-23 年．この題名だけで，いろんなことが学べる！ **더 the．ザ．**歯と舌端の摩擦で造る英語の有声の摩擦音 [ð] の音は日本語にはないので,英語の定冠詞 **the** [ðə] を外来語として取り入れる際には，[dza][ザ] という破擦音で発音している．これに対し，韓国語では破裂音 [t] を用いて [tɔ][ト] と発音する．外来語表記では**더**となる．**글로리** [kɯllori][クルロリ] **glory．グローリー．**有声音の [g] は韓国語では語頭に立たないので，無声音の [k] で発音される．ただし그の前に有声音で終わる더という音がついて，더글로리を続けて発音すると，自動的に**有声音化**（→ 32 頁）して [g] で発音される．glory に含まれる l [l] と r [r] の音が，韓国語の外来語ではどう取り入れられ，どうハングルで表記されているか，注目すると，面白い．これは文字ではなく，もとの言語の発音を基準に決められる．他の外来語にも応用が利く．[pʰɯllaitʰɯ] と [pʰɯraipʰɛn] を比べてみよう：

語中の l [l] は　ㄹㄹ で写す　플라이트 flight フライト
語中の r [r] は　ㄹ　で写す　프라이팬 frying pan フライパン

なお，文字でㄹㄹと 2 つの要素になっていても，舌を口の天井につけ，一度離してまたつけるのではなく，舌を天井につけたまま，[l] の持続時間を長くして発音する．**長子音**の [lː] だと思えばよい．

語頭では [l] と [r] の区別なく，ㄹで写す．writer [ráɪtə]（ライター：書き手）も lighter [láɪtə]（火をつけるライター）も日本語同様区別なく，**라이터** [raitɔ][ライト]．最後の母音がㅓとなるのは，英語の円唇母音 [ɔ] は韓国語では非円唇母音である広いㅓ [ɔ]（発音記号は同じものを使用）で写す決まりだから．rap（音楽のラップ）も，lap（座った膝上）も，

外来語として取り入れるとなると，どちらも**랩**となる．**랩톱** [rɛ^{p}t^{h}o^{p}][レプトプ]（ラップトップ）.

この『ザ・グローリー』も世界中で大ヒットした．**드라마의 제왕**〈-帝王〉[turamae ʧewaŋ][トゥラマエ チェワん] **ドラマの帝王**と呼ばれた**김은숙** [kimɯnsu^{k}][キムンスク] の脚本．凄惨な**학교 폭력**〈學校暴力〉[학꾜퐁녁] [ha$^{k?}$kjop^{h}oŋnjɔ^{k}][ハッキョポんニョク] **学校暴力**（しばしば**학폭**〈學暴〉[ha^{k}p^{h}o^{k}] [ハクポク] と略される）に虐げられた，主人公の女性が挑む壮大な**복수극**〈復讐劇〉[pok$^{?}$sugu^{k}][ポクスグク] **復讐劇**．

学校暴力の中心となった**박연진** [pagɔndʒin][パギョンジン] という作中人物の女性に，主人公が「**연진아**」[jɔndʒina][ヨンジナ] と呼びかける独白でドラマが進行するので，この「**연진아**」も韓国では流行語となった．

-아 [a][ア] は学校の同学年や友人や目下の者に呼びかける**呼格の助詞**．呼格の助詞は，子音で終わる名前と，母音で終わる名前で，形が異なる．子音で終わる名前では**終声の初声化**（→ 60 頁）を起こす：

子音で終わる名には -아 [a][ア]　**연진아** [jɔndʒina][ヨンジナ] ヨンジン！
母音で終わる名には -야 [ja][ヤ]　**사라야** [saraja][サラヤ] サラ！

主人公は『太陽の末裔』でも**주역**〈主役〉[ʧujɔ^{k}][チュヨク] **主役**の**송혜교** [soŋ(h)egjo][ソんヘギョ] が，対する**악역**〈惡役〉[agjɔ^{k}][アギョク] **悪役**のヨンジンは**임지연** [imdʒijɔn][イムジヨン] が演じた．多くの**배우**〈俳優〉[pɛu][ペウ] **俳優**たちそれぞれの存在感は，子役に至るまで圧倒的だ．**드라마** [turama][トゥラマ] **ドラマ**が終わると，「ヨンジナ！（あなたが終わっちゃって）これから何を楽しみに暮らせばいいの？」などという記事が，新聞の文化欄に現れたほどである．

어때요, 재미있죠? [ɔ$^{?}$tɛjɔ ʧɛmiiʧɔ][オッテヨ チェミイッチョ]
どうですか，面白いでしょう？

10.5 朝鮮史を韓国語で

歴史も韓国語で！ 東アジア史を韓国語でも語れるといいですね．その第一歩に，王国の大きな変遷にまつわる人名や出来事を，韓国語で見てみましょう．ほとんどが漢字語なので，意外に楽です．

삼국시대 (三国時代 4-7 世紀)
紀元前に建国された高句麗と新羅，4 世紀頃からの百済の三国が覇を競った時代です．

신라 (新羅 676-935)
やがて新羅が統一します．慶州が都として栄えます．

고려 (高麗 918-1392)
王建が高麗を建てます．都は開京（現在の開城）でした．元の影響を大きく受けました．

조선 (朝鮮 1392-1897)
李成桂が朝鮮王朝を建て，王朝は 500 年続きます．都は한양（漢陽，現在のソウル）です．ハングルが創製された時代です．

대한제국 (大韓帝国 1897-1910)
朝鮮が国号をこう改めました．1910-45 年は日本の統治下となってしまいます．

광개토대왕〈廣開土大王〉**広開土王．好太王．**374-412 年．高句麗第19 代の王．諱(いみな)は담덕〈談德〉．中国吉林省に建つ，世界最大級の石碑，広開土王碑で業績が称えられる

선덕여왕〈善德女王〉**善徳女王．**?-647 年．新羅第 27 代,新羅初の女王．

경주〈慶州〉**慶州．**新羅の都

무령왕〈武寧王〉[무녕왕] **武寧王．**462?-523 年．百済第 25 代の王．日本の勅撰国史『続日本紀(しょくにほんぎ)』は，平安時代を開いた桓武天皇の母・高野新笠(たかののにいかさ)は，百済武寧王の末裔と記している

사비성〈泗沘城〉**泗沘．**韓国語では [サビ]，日本語では [しび]．百済の都．現在の부여〈扶餘〉扶余． 웅진〈熊津〉から遷都

발해〈渤海〉**渤海．**698-926 年．中国東北部，朝鮮半島北部，沿海州をまたぐ国．**대조영**〈大祚榮〉（大祚栄）が建国

왕건〈王建〉**王建．**877-943 年．高麗を建国

개경〈開京〉**開京．**高麗の首都．現在の朝鮮民主主義人民共和国の개성〈開城〉

정도전〈鄭道傳〉**鄭道伝．**1342-98 年．高麗末，朝鮮初期の儒学者，文臣．号は삼봉〈三峯〉

이성계〈李成桂〉**李成桂．**朝鮮の**태조**〈太祖〉．1335-1408 年

양반〈両班〉**両班．**ヤンバン．高麗，朝鮮時代の支配階級

과거〈科挙〉中国の隋に始まる官吏登用試験．高麗や朝鮮，ベトナム，琉球でも行われた．日本では平安時代に課試があった

세종대왕〈世宗大王〉**世宗大王．**1397-1450 年．→ 64 頁

이퇴계〈李退溪〉**李退渓．이황**〈李滉〉．1502-71 年．朝鮮時代の儒学者

이율곡〈李栗谷〉**李栗谷．이이**〈李珥〉．1536-84 年．朝鮮時代の儒学者

임진왜란〈壬辰倭亂〉**壬辰倭乱．**1592-98 年．日本で文禄・慶長の役と呼ぶ，豊臣秀吉による朝鮮侵略

일본강점기〈日帝强占期〉1910-45 年．**일제시대**〈日帝時代〉と呼ばれた．日本帝国主義による朝鮮の植民地支配の時代

10.6 やっぱり地理が基本だ：歴史も旅も

歴史も旅も地理を知らないと！ 最も基本的な地名などは，韓国語で押さえたいですね．なお，「都」の意の固有語である서울（ソウル）を除けば,大きな地名はほとんどが漢字語です．8 世紀に新羅の경덕왕〈景徳王〉が，地名を中国の唐式に改めたことなどによるものです．

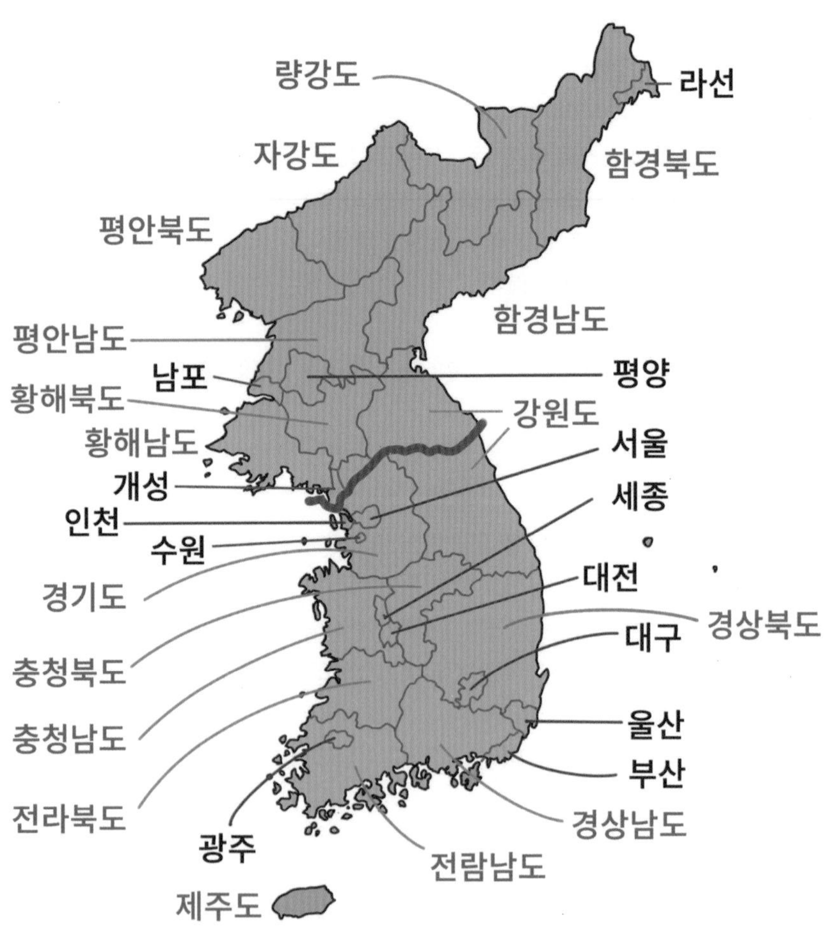

大韓民国の道名と主な都市名

강원도〈江原道〉[kaŋwɔndo][カんウォンド]

경기도〈京畿道〉[kjɔŋgido][キョんギド]

충청북도〈忠清北道〉[tʃ^{h}uŋtʃ^{h}ɔŋbu^{kʔ}to][チュんチョんブクト]

충청남도〈忠清南道〉[tʃ^{h}uŋtʃ^{h}ɔŋnamdo][チュんチョんナムド]

경상북도〈慶尚北道〉[kjɔŋsaŋbu^{kʔ}to][キョんサんブクト]

경상남도〈慶尚南道〉[kjɔŋsaŋnamdo][キョんサんナムド]

전라북도〈全羅北道〉[tʃɔllabu^{kʔ}to][チョルラブクト]

전라남도〈全羅南道〉[tʃɔllanamdo][チョルラナムド]

제주도〈濟州道〉[tʃedʒudo][チェジュド]

서울 [sɔul][ソウル]．**부산**〈釜山〉[pusan][プサン]．**인천**〈仁川〉[intʃ^{h}ɔn][インチョン]．**대구**〈大邱〉[tɛgu][テグ]．**대전**〈大田〉[tɛdʒɔn][テジョン]．**광주**〈光州〉[kwaŋdʒu][クァんジュ]．**수원**〈水原〉[suwɔn][スウォン]．**울산**〈蔚山〉[ul^{ʔ}san][ウルサン]．**세종**〈世宗〉[sedʒoŋ][セジョん]．

朝鮮民主主義人民共和国の道名と主な都市名

함경북도〈咸鏡北道〉[hamgjɔŋbu^{kʔ}to][ハムギョんブクト]

함경남도〈咸鏡南道〉[hamgjɔŋnamdo][ハムギョんナムド]

자강도〈慈江道〉[tʃagaŋdo][チャガんド]

량강도〈兩江道〉[rjaŋgaŋdo][リャんガんド]

평안북도〈平安北道〉[p^{h}jɔŋanbu^{kʔ}to][ピョんアンブクト]

평안남도〈平安南道〉[p^{h}jɔŋannamdo][ピョんアンナムド]

황해북도〈黃海北道〉[hwaŋ(h)ɛbu^{kʔ}to][ファんエブクト]

황해남도〈黃海南道〉[hwaŋ(h)ɛnamdo][ファんエナムド]

강원도〈江原道〉[kaŋwɔndo][カんウォンド]

평양〈平壤〉[p^{h}jɔŋjaŋ][ピョんヤん]．**남포**〈南浦〉[namp^{h}o][ナムポ]．**개성**〈開城〉[kɛsɔŋ][ケソん]．**라선**〈羅先〉[rasɔn][ラソン]．

10.7 文学の豊饒へ

韓国語圏＝朝鮮語圏には豊かな**문학**（文学）の世界もあります．また，日本や米国や中国など，他の言語圏の中で行われる韓国語の文学もあります．逆に，いわゆる**재일조선인문학**（在日朝鮮人文学）のように，日本語など，他の言語で執筆される文学もあります．

日本語圏では，2010 年代の後半あたりから，同時代の韓国の文学を主体とした，**한국문학 붐**（韓国文学ブーム）が起きていると言われています．韓国の，とりわけ**여성 작가**（女性の作家）たちによる作品が続々と번역（翻訳）されています．**민주화운동**（民主化運動），**노동운동**（労働運動），2014 年の**세월호사건** [사껀]（セウォル号事件），貧困，格差など，政治的，社会的な問題も多々扱われており，中でも **페미니즘 문학**（フェミニズム文学）が重要な旗手となっています．朝鮮民主主義人民共和国の作品の翻訳も刊行されています．

これら韓国文学をハングルの表記法から見ると，1970 年代まであった，ハングルの**세로쓰기**（縦書き）の時代の文学ではなく，1970 年代以降に生まれた作家たちによる，新しい**가로쓰기**（横書き）문학です．つまり今日の韓国文学を担う作家たちは，生まれたときからほとんど**한자** [한짜]（漢字）を交えずにハングルだけで，それも横書きで書かれたハングルで育った世代の人々です．〈書かれたことば〉の世界の，文字の印象，触感などからも，もうそれ以前の世代の作家たちとはずいぶん異なった，全く新しい感性の文学なわけです．日本語で言えば，右から書く横書きもまだあちこちにあった旧字旧仮名から，新字新仮名になったような印象の大きな違いがあります．

신문（新聞）も皆，縦書きでしたが，1988 年に**한겨레신문**（ハンギョレ新聞）が左から書く横書きで登場し，1990 年代にはほとんど全ての新聞が左横書きとなりました．韓国でも日本の文庫や新書の形式の本もあったのですが，1970 年代頃にはほとんど見なくなりました．

韓国語圏＝朝鮮語圏の**문학사**（文学史）はハングル以前に遡ります→ 64-65 頁．漢字で表記された古い朝鮮語と漢字で表記された漢文による，漢文学があります．前者は残っている文献が極めて限られています．漢文学は，文章だけでなく，漢詩もいろいろ残っています．

15 世紀にハングルが創製されて以来，朝鮮語をハングルで表記した文学が開花してゆきます．ハングル公布の翌 1447 年，早くも朝鮮王朝建国の叙事詩『**용비어천가**』（龍飛御天歌）が公にされています．これ以降，儒学はもちろん，儒仏道それぞれの書物もあれこれ作られます．漢字音の字書『**동국정운**』（東国正韻）のような書物があり，漢文の小説などがある一方で，17 世紀には『**홍길동전**』（洪吉童伝）など，ハングルで書かれた小説が現れます．他方，詩では**시조**（時調）と呼ばれる短詩型文芸や，口承文芸である**판소리**（パンソリ）がハングルで記録されました．〈話されたことば〉で伝えられる文芸は普通，**구비문학**（口碑文学）と呼ばれています．

日本語で書かれた，優れた解説書や入門書はたくさんありますが，異なったタイプの次の 2 冊の近現代文学関連書から手掛かりを：

斎藤真理子 (2022)『韓国文学の中心にあるもの』イースト・プレス
波田野節子・斎藤真理子・きむ ふな編著 (2020)『韓国文学を旅する 60 章』明石書店

また，山田恭子「文学からの接近：古典文学史」，白川豊「近現代文学史」，熊木勉「文学からの接近：詩，何を読むか」，野崎充彦「時調：朝鮮的叙情のかたち」，和田とも美「近代朝鮮の流行小説」，金應教「韓国反体制文学の系譜」などが次でまとめて読めます：

野間秀樹編著 (2008)『韓国語教育論講座 第 4 巻』くろしお出版

最後の扉

歩み出した，それはもう勝利だ

始めが半ばだ，これから先，韓国語はこう学ぼう

遂に最後の扉です．韓国語そしてハングルについて皆さんはもう学び始めておられます.韓国語のこんな激励のことわざをお贈りしましょう：

시작이 반이다 〈始作 - 半 -〉 [ʃidʒagi panida][シジャギ パニダ]

「始めが半ばだ」つまり，「ものごとは始めてしまえば，もう半ばまで進んだも同然だ」という意味です．始めることが，難しいわけですよね．

すると,これから何をどのように学べばよいかという問いが立ちます．

〈実践的に，体系的に，愉しく，知的に〉という本書の総路線に沿った学習書などを，挙げましょう．本書の総路線は，多くの本といささか異なりますので，自著がらみになりますことは，お許しください．

『韓国語をいかに学ぶか――日本語話者のために』野間秀樹著．平凡社

韓国語をどのように学んだらよいかを，記した新書です．知らないと損なことが，たくさんありますので，新しい本を手に取ったり，教室に通い始める前にざっと読むだけでも，構えができます．韓国語だけでなく，言語を学ぶ方々への応援歌ともなっています．

『チナセム tv』

駐日大韓民国大使館の YouTube 韓国語学習チャンネルです→

『史上最強の韓国語練習帖 超入門編』野間秀樹著．ナツメ社
『史上最強の韓国語練習帖 初級編』野間秀樹・高槿旭著．ナツメ社

最も薄い本で，最も遠くまでゆけるよう，編んでいます．主たる学習書としても使え，書き込み式なので，副教材のサブノートのようにも使えます．いずれもＡ５判で 128 頁です．音源は QR コードで聴けるようになっています．

『新・至福の朝鮮語』野間秀樹著．朝日出版社

刊行後月日が経っていますが，基本的なところを押さえることができます．日本語と韓国語の漢字音の対照表，用言の主な形の一覧，姓の一覧など，学習書ではあまり見られない付録が実用的です．練習問題とその解答も組み込んであります．CD が音源です．

『はばたけ！ 韓国語ライト版 1』金珍娥・野間秀樹・村田寛著
『はばたけ！ 韓国語ライト版 2』金珍娥・野間秀樹・村田寛著
『はばたけ！ 韓国語 2 初中級編』野間秀樹・金珍娥・高槿旭著
いずれも朝日出版社

日本語と対照しながら学べる，教室用教科書です．3 冊目を学ぶほどになると，相当な実力です．3 冊ともに収録の，巻末の発音の変化のまとめは役立ちます．音源はダウンロード式です．

『新版 ハングルの誕生――人間にとって文字とは何か』
野間秀樹著．平凡社

本書で入門した，ハングル創製のこと，ハングル以前のこと，ハングルがどのように発展してきたかなど，現代に至るまでを，言語のありようや文字の本質などと共に描いています．図版も豊富です．参考文献の詳細な紹介，現代までの年表，用語集を兼ねた詳しい索引なども特長です．大きめの文庫本 461 頁．

詳細目次

索引

- 欧文表記（アルファベット順），日本語（50 音順），韓国語（가나다順）の順です．
- 引いてためになる，本文中の重要な文言を採りました．
- 歴史上の人物は基本的に日本語の音読みで引けるようになっています．
- 韓国語索引には，最も基本的な文法形式をあげています

●さ行

●た行

●な行

●は行

●ま行

●や行

●ら行

●わ行

●ハングル（가나다順）

	ㅏ	ㅑ	ㅓ	ㅕ	ㅗ	ㅛ	ㅜ	ㅠ	ㅡ	ㅣ
			広い	広い	狭い	狭い	円唇の	円唇の	平唇の	
	ア	ヤ	オ	ヨ	オ	ヨ	ウ	ユ	ウ	イ
	a	ja	ɔ	jɔ	o	jo	u	ju	ɯ	i

ㄱ	가	갸	거	겨	고	교	구	규	그	기
	カ / ガ	キャ / ギャ	コ / ゴ	キョ / ギョ	コ / ゴ	キョ / ギョ	ク / グ	キュ / ギュ	ク / グ	キ / ギ
k/g	ka/ga	kja/gja	kɔ/gɔ	kjɔ/gjɔ	ko/go	kjo/gjo	ku/gu	kju/gju	kɯ/gɯ	ki/gi
ㄲ	까	꺄	꺼	껴	꼬	꾜	꾸	뀨	끄	끼
	カ	キャ	コ	キョ	コ	キョ	ク	キュ	ク	キ
ˀk	ˀka	ˀkja	ˀkɔ	ˀkjɔ	ˀko	ˀkjo	ˀku	ˀkju	ˀkɯ	ˀki
ㄴ	나	냐	너	녀	노	뇨	누	뉴	느	니
	ナ	ニャ	ノ	ニョ	ノ	ニョ	ヌ	ニュ	ヌ	ニ
n	na	nja	nɔ	njɔ	no	njo	nu	nju	nɯ	ni
ㄷ	다	댜	더	뎌	도	됴	두	듀	드	디
	タ / ダ	テャ / デャ	ト / ド	テョ / デョ	ト / ド	テョ / デョ	トゥ / ドゥ	テュ / デュ	トゥ / ドゥ	ティ / ディ
t/d	ta/da	tja/dja	tɔ/dɔ	tjɔ/djɔ	to/do	tjo/djo	tu/du	tju/dju	tɯ/dɯ	ti/di
ㄸ	따	땨	떠	뗘	또	뚀	뚜	뜌	뜨	띠
	タ	テャ	ト	テョ	ト	テョ	トゥ	テュ	トゥ	ティ
ˀt	ˀta	ˀtja	ˀtɔ	ˀtjɔ	ˀto	ˀtjo	ˀtu	ˀtju	ˀtɯ	ˀti
ㄹ	라	랴	러	려	로	료	루	류	르	리
	ラ	リャ	ロ	リョ	ロ	リョ	ル	リュ	ル	リ
r	ra	rja	rɔ	rjɔ	ro	rjo	ru	rju	rɯ	ri
ㅁ	마	먀	머	며	모	묘	무	뮤	므	미
	マ	ミャ	モ	ミョ	モ	ミョ	ム	ミュ	ム	ミ
m	ma	mja	mɔ	mjɔ	mo	mjo	mu	mju	mɯ	mi
ㅂ	바	뱌	버	벼	보	뵤	부	뷰	브	비
	パ / バ	ピャ / ビャ	ポ / ボ	ピョ / ビョ	ポ / ボ	ピョ / ビョ	プ / ブ	ピュ / ビュ	プ / ブ	ピ / ビ
p/b	pa/ba	pja/bja	pɔ/bɔ	pjɔ/bjɔ	po/bo	pjo/bjo	pu/bu	pju/bju	pɯ/bɯ	pi/bi
ㅃ	빠	뺘	뻐	뼈	뽀	뾰	뿌	쀼	쁘	삐
	パ	ピャ	ポ	ピョ	ポ	ピョ	プ	ピュ	プ	ピ
ˀp	ˀpa	ˀpja	ˀpɔ	ˀpjɔ	ˀpo	ˀpjo	ˀpu	ˀpju	ˀpɯ	ˀpi
ㅅ	사	샤	서	셔	소	쇼	수	슈	스	시
	サ	シャ	ソ	ショ	ソ	ショ	ス	シュ	ス	シ
s/ʃ	sa	ʃa	sɔ	ʃɔ	so	ʃo	su	ʃu	sɯ	ʃi
ㅆ	싸	쌰	써	쎠	쏘	쑈	쑤	쓔	쓰	씨
	サ	シャ	ソ	ショ	ソ	ショ	ス	シュ	ス	シ
ˀs/ʃ	ˀsa	ˀʃa	ˀsɔ	ˀʃɔ	ˀso	ˀʃo	ˀsu	ˀʃu	ˀsɯ	ˀʃi

	ㅏ	ㅑ	ㅓ	ㅕ	ㅗ	ㅛ	ㅜ	ㅠ	ㅡ	ㅣ
			広い	広い	狭い	狭い	円唇の	円唇の	平唇の	
	ア	ヤ	オ	ヨ	オ	ヨ	ウ	ユ	ウ	イ
	a	ja	ɔ	jɔ	o	jo	u	ju	ɯ	i

ㅇ	아	야	어	여	오	요	우	유	으	이
	ア	ヤ	オ	ヨ	オ	ヨ	ウ	ユ	ウ	イ
子音なし	a	ja	ɔ	jɔ	o	jo	u	ju	ɯ	i
ㅈ	자	쟈	저	져	조	죠	주	쥬	즈	지
	チャ / ジャ	チャ / ジャ	チョ / ジョ	チョ / ジョ	チョ / ジョ	チョ / ジョ	チュ / ジュ	チュ / ジュ	チュ / ジュ	チ / ジ
ʧ/dʒ	ʧa	ʧa	ʧɔ	ʧɔ	ʧo	ʧo	ʧu	ʧu	ʧɯ	ʧi
ㅉ	짜	쨔	쩌	쪄	쪼	쬬	쭈	쮸	쯔	찌
	チャ	チャ	チョ	チョ	チョ	チョ	チュ	チュ	チュ	チ
$^?$ʧ	$^?$ʧa	$^?$ʧa	$^?$ʧɔ	$^?$ʧɔ	$^?$ʧo	$^?$ʧo	$^?$ʧu	$^?$ʧu	$^?$ʧɯ	$^?$ʧi
ㅊ	차	챠	처	쳐	초	쵸	추	츄	츠	치
	チャ	チャ	チョ	チョ	チョ	チョ	チュ	チュ	チュ	チ
ʧ^h	ʧ^{h}a	ʧ^{h}a	ʧ^{h}ɔ	ʧ^{h}ɔ	ʧ^{h}o	ʧ^{h}o	ʧ^{h}u	ʧ^{h}u	ʧ^{h}ɯ	ʧ^{h}i
ㅋ	카	캬	커	켜	코	쿄	쿠	큐	크	키
	カ	キャ	コ	キョ	コ	キョ	ク	キュ	ク	キ
k^h	k^{h}a	k^{h}ja	k^{h}ɔ	k^{h}jɔ	k^{h}o	k^{h}jo	k^{h}u	k^{h}ju	k^{h}ɯ	k^{h}i
ㅌ	타	탸	터	텨	토	툐	투	튜	트	티
	タ	テャ	ト	テョ	ト	テョ	トゥ	テュ	トゥ	ティ
t^h	t^{h}a	t^{h}ja	t^{h}ɔ	t^{h}jɔ	t^{h}o	t^{h}jo	t^{h}u	t^{h}ju	t^{h}ɯ	t^{h}i
ㅍ	파	퍄	퍼	펴	포	표	푸	퓨	프	피
	パ	ピャ	ポ	ピョ	ポ	ピョ	プ	ピュ	プ	ピ
p^h	p^{h}a	p^{h}ja	p^{h}ɔ	p^{h}jɔ	p^{h}o	p^{h}jo	p^{h}u	p^{h}ju	p^{h}ɯ	p^{h}i
ㅎ	하	햐	허	혀	호	효	후	휴	흐	히
	ハ	ヒャ	ホ	ヒョ	ホ	ヒョ	フ	ヒュ	フ	ヒ
h	ha	hja	hɔ	hjɔ	ho	hjo	hu	hju	hɯ	hi

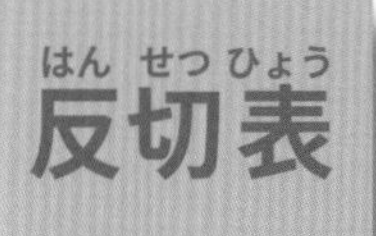

子音字母と母音字母を組み合わせた，日本語の五十音図に似たこの表を，**反切表**と呼びます．ただし**終声字母**（→ 54 頁）は含まれていません．伝統的な反切表には**濃音**（→ 36 頁）は含まれませんが，ここでは入れてあります．자と쟈のように発音記号が同一のハングルは，発音は同じになります．가 [ka/ga] など，発音記号が 2 通りある，ㅅとㅆ以外の文字は，後者が**有声音化**（→ 33 頁）した場合の音です．表は子音字母の種類で色分けしてあります：

子音なし　平音　濃音　激音　鼻音　流音

音声ファイル一覧

音声ファイルは平凡社のホームページからダウンロードが可能です

https://hangeulto.heibonsha.co.jp/

ファイル名	頁	章節	内容
zukai_01.mp3	009	1.1	saraŋ サラん（愛．恋）
zukai_02.mp3	011	1.2	paᵖ パプ（ごはん）
zukai_03.mp3	014	2.2	アイウエオの 8 つの字母
zukai_04.mp3	015	2.3	8 つの〈アイウエオ〉を書いてみよう
zukai_05.mp3	016	2.4	母音三角形
zukai_06.mp3	017	2.5	もう単語が読めてしまう！
zukai_07.mp3	019	2.7	ㅐとㅔの音の変化
zukai_08.mp3	020	2.8	ㅏとㅑ
zukai_09.mp3	021	2.8	単母音→半母音 [j] ＋単母音
zukai_10.mp3	022	2.9	ㅗ＋ㅏ→ㅘ
zukai_11.mp3	023	2.9	単母音→半母音 [w] ＋単母音
zukai_12.mp3	024	2.10	読んでみよう
zukai_13.mp3	025	2.11	와요（来ます）
zukai_14.mp3	030	3.2	鼻音の字母
zukai_15.mp3	030	3.2	流音の字母
zukai_16.mp3	031	3.2.1	読んでみよう
zukai_17.mp3	031	3.2.1	読んでみよう
zukai_18.mp3	032	3.3	平音の字母
zukai_19.mp3	033	3.3	平音の字母
zukai_20.mp3	034	3.4	激音の字母
zukai_21.mp3	035	3.4	激音の字母
zukai_22.mp3	036	3.5	濃音の字母
zukai_23.mp3	037	3.5	濃音の字母
zukai_24.mp3	038	3.6	こそあど．指定詞
zukai_25.mp3	039	3.6	こそあど．指定詞
zukai_26.mp3	040	3.6	こそあど．指定詞
zukai_27.mp3	052	4.7	丁寧とぞんざい
zukai_28.mp3	054	5	paᵖ パプ（ごはん）
zukai_29.mp3	054	5	7 種類の終声
zukai_30.mp3	056	5.2	鼻音の終声

ファイル名	頁	章節	内容
zukai_31.mp3	057	5.2	鼻音の終声
zukai_32.mp3	058	5.3	口音の終声と流音の終声
zukai_33.mp3	059	5.3	口音の終声と流音の終声
zukai_34.mp3	060	5.4	夜が（終声の初声化）
zukai_35.mp3	061	5.5	ごはんが
zukai_36.mp3	061	5.5	…が（助詞）
zukai_37.mp3	061	5.5	…が（助詞）
zukai_38.mp3	062	5.6	終声字母はいろいろ
zukai_39.mp3	063	5.7	つまる音 [^{p}][^{t}][^{k}] の次は濃音化する
zukai_40.mp3	075	7.1	初めての出会いのあいさつ：1
zukai_41.mp3	076	7.2	初めての出会いのあいさつ：2
zukai_42.mp3	077	7.3	場所を尋ねる：1
zukai_43.mp3	078	7.4	場所を尋ねる：2
zukai_44.mp3	079	7.5	場所を尋ねる：3
zukai_45.mp3	080	7.6	BTS の写真を見ながら：1
zukai_46.mp3	081	7.7	BTS の写真を見ながら：2
zukai_47.mp3	084	8.2	漢字語，外来語，固有語
zukai_48.mp3	085	8.2	私の趣味は音楽鑑賞です
zukai_49.mp3	087	8.3	4 つの文体の形
zukai_50.mp3	093	9.3	3 つの語基の造り方
zukai_51.mp3	094	9.4	いるでしょうか？
zukai_52.mp3	098	10.1	音楽の入り口単語
zukai_53.mp3	099	10.1	音楽の入り口単語
zukai_54.mp3	099	10.1	音楽の入り口単語
zukai_55.mp3	100	10.2	K-POP のグループ名
zukai_56.mp3	101	10.2	K-POP のグループ名
zukai_57.mp3	102	10.3	K-POP 珠玉の名作
zukai_58.mp3	104	10.4	韓国ドラマの原題
zukai_59.mp3	105	10.4	韓国ドラマの原題
zukai_60.mp3	106	10.4	韓国ドラマの原題
zukai_61.mp3	107	10.4	韓国ドラマの原題
zukai_62.mp3	108	10.4	韓国ドラマの原題
zukai_63.mp3	108	10.4	語中の [l] と [r]
zukai_64.mp3	109	10.4	呼格の助詞
zukai_65.mp3	109	10.4	どうですか，面白いでしょう?
zukai_66.mp3	110	10.5	朝鮮史を韓国語で
zukai_67.mp3	111	10.5	朝鮮史を韓国語で
zukai_68.mp3	113	10.6	大韓民国の道名と都市名
zukai_69.mp3	113	10.6	朝鮮民主主義人民共和国の道名と都市名
zukai_70.mp3	116	最後	始めが半ばだ

著者　野間 秀樹（노마 히데키）

●言語学者・美術家.

●著書に『新版 ハングルの誕生』『韓国語をいかに学ぶか』いずれも平凡社,『K-POP 原論』ハザ,『言語存在論』東京大学出版会,『言語 この希望に満ちたもの』北海道大学出版会,『史上最強の韓国語練習帖 超入門編』ナツメ社,『新・至福の朝鮮語』朝日出版社など. 共著に『ニューエクスプレス韓国語』白水社（金珍娥と共著),『史上最強の韓国語練習帖 初級編』ナツメ社（高槿旭と共著), 編著書に『韓国・朝鮮の知を読む』クオン,『韓国語教育論講座 1－4 巻』くろしお出版,『韓国語学習講座「凜」1 入門』大修館書店（金珍娥と共著）など. 共編に『韓国・朝鮮の美を読む』クオン（白永瑞と共編）など.

●東京外国語大学大学院教授, ソウル大学校韓国文化研究所特別研究員, 国際教養大学客員教授, 明治学院大学客員教授・特命教授などを歴任.

●大韓民国文化褒章, アジア・太平洋賞大賞, ハングル学会周時経学術賞, パピルス賞.

●リュブリアナ国際版画ビエンナーレ, ブラッドフォード国際版画ビエンナーレ, ワルシャワ, プラハ, ソウル, 大邱などでの現代美術展に出品.
第13 回現代日本美術展佳作賞. 東京, 札幌, 京都で個展.

●韓国・朝鮮と日本, 双方の血を嗣ぐ.

図解でわかる　ハングルと韓国語
文字の歴史としくみから学ぶ

発行日　2023年8月23日　初版第1刷

著者　野間秀樹
発行者　下中順平
発行所　株式会社 平凡社　〒101-0051 東京都千代田区神田神保町 3-29
電話 (03)3230-6593［編集］(03)3230-6573［営業］
印刷・製本　図書印刷株式会社

ナレーション　金珍娥
録音　一般財団法人英語教育協議会（ELEC）
DTP・写真・挿画　野間秀樹
装幀　アチワデザイン室

ISBN978-4-582-83906-7
平凡社ホームページ　https://www.heibonsha.co.jp/
落丁・乱丁本のお取り替えは小社読者サービス係まで直接お送りください（送料は小社で負担いたします）。